# Cómo Conseguir
# CITAS
## Sin Rechazo

Llena Nuestros Calendarios
con Prospectos para
Redes de Mercadeo

KEITH Y TOM "BIG AL" SCHREITER

Publicado por Fortune Network Publishing

PO Box 890084

Houston, TX 77289 Estados Unidos

Teléfono: +1 (281) 280-9800

BigAlBooks.com

ISBN-13: 978-1-948197-87-8

# CONTENIDOS

Prefacio . . . . . . . . . . . . . . . . . . . . . . . . . . . . . . . . . . . v

"¿Por qué estás hablando chistoso?" . . . . . . . . . . . . . . . . . . . . . 1

Esto no es justo. . . . . . . . . . . . . . . . . . . . . . . . . . . . . . . . 3

17 networkers intentaron esto y fracasaron. . . . . . . . . . . . . . . . . 5

Pensar en círculos no solucionará nuestro problema de citas. . . . . . 7

"No quiero hacerlo." . . . . . . . . . . . . . . . . . . . . . . . . . . . . . 10

"¿Por qué me siento avergonzado?" . . . . . . . . . . . . . . . . . . . . . 14

¿Cómo cambiamos nuestra historia interna? . . . . . . . . . . . . . . . . 22

¿Qué hay del consejo del "gurú"? . . . . . . . . . . . . . . . . . . . . . . 26

Motivación. . . . . . . . . . . . . . . . . . . . . . . . . . . . . . . . . . . 34

Habilidades. . . . . . . . . . . . . . . . . . . . . . . . . . . . . . . . . . . 47

Los primeros segundos. . . . . . . . . . . . . . . . . . . . . . . . . . . . . 57

Los elementos básicos de un guión telefónico. . . . . . . . . . . . . . . 60

Haciendo llamadas para citas. . . . . . . . . . . . . . . . . . . . . . . . . 71

¿Qué puedo decir cuando dejo un buzón de voz? . . . . . . . . . . . . 75

El propósito de una llamada es conseguir una cita. . . . . . . . . . . . 81

¿Puedo conseguir citas por mensaje de texto? . . . . . . . . . . . . . . 83

Convierte tus citas del futuro en citas instantáneas. . . . . . . . . . . 93

¡No es la lista! . . . . . . . . . . . . . . . . . . . . . . . . . . . . . . . . . 96

"Aún así no me atrevo a llamar para hacer citas." . . . . . . . . . . . 101

¿Hay alguna manera más fácil de conseguir que clientes
pre-calificados vengan con nosotros? . . . . . . . . . . . . . . . . . . . 106

Preguntas y objeciones. . . . . . . . . . . . . . . . . . . . . . . . . . . . 111

En resumen. . . . . . . . . . . . . . . . . . . . . . . . . . . . . . . . . . . 117

Agradecimiento. . . . . . . . . . . . . . . . . . . . . . . . . . . . . . . . . 119

Más Libros en Español . . . . . . . . . . . . . . . . . . . . . . . . . . . . 121

Sobre los Autores . . . . . . . . . . . . . . . . . . . . . . . . . . . . . . . 124

Comentario del Traductor . . . . . . . . . . . . . . . . . . . . . . . . . . 126

Viajo por el mundo más de 240 días al año.
Envíame un correo si quisieras que hiciera
un taller "en vivo" en tu área.

→ BigAlSeminars.com ←

## POR QUÉ NECESITAS COMENZAR A HACER
### REDES DE MERCADEO

Cómo Eliminar El Riesgo
Y Tener Una Vida Mejor

KEITH SCHREITER

# ¡OBSEQUIO GRATIS!
## *¡Descarga ya tu libro gratuito!*

Perfecto para nuevos distribuidores. Perfecto para
distribuidores actuales que quieren aprender más.

→ BigAlBooks.com/freespanish ←

Otros geniales libros de Big Al están disponibles en:

→ BigAlLibrosEnEspanol.com ←

# PREFACIO

"Mi teléfono se siente como si pesara 500 kilos. Haré lo que sea, menos llamar a alguien para conseguir una cita."

Como empresarios de mercadeo en red, escuchamos esto todo el tiempo. ¿Por qué? Por que es verdad. El miedo de llamar para hacer una cita sobrepasa incluso nuestras mejores intenciones. Podemos fijar metas, saltar por la casa llenos de entusiasmo y gritar nuestras afirmaciones frente a nuestro espejo. Nada parece funcionar. ¿Por qué?

Por que como empresarios de redes, tenemos sentido común. Tratamos de conseguir citas, fracasamos, nos rechazan y aprendemos la lección. La lección es ésta: "No sigamos arruinando nuestra auto-imagen con más intentos humillantes de conseguir citas."

¿Por qué es tan difícil conseguir citas?

¿Es nuestra mentalidad? ¿Carecemos de la habilidad de saber exactamente qué decir?

En la gran mayoría de los casos, la respuesta es un "SÍ" a esas dos preguntas.

Vamos a solucionar ambos problemas ahora. Luego podremos volar sobre nuestra carrera en redes de mercadeo.

# "¿POR QUÉ ESTÁS HABLANDO CHISTOSO?"

Digamos que le llamamos a nuestro buen amigo John.

**Nosotros:** –Hola, ¿John? Te estoy llamando para ver cuándo sería un buen momento para que conversemos.–

John piensa, "¿Eh? ¿Por qué mi amigo está hablando tan chistoso? No suena como mi amigo. ¿Está poseído por un extraterrestre? No me siento cómodo con su tono de voz tan extraño."

**John:** –¿Sobre qué?–

**Nosotros:** –Oh, sólo nos lleva 20 minutos. Quiero enseñarte algo asombroso y emocionante. ¿Cuándo es un buen momento?–

John piensa, "Tengo cientos de cosas por hacer. Decisiones por tomar. Lugares a los que ir. No tengo ni 20 segundos. Pero es mi amigo. ¿Qué puedo decir para posponerlo? No tengo tiempo para desperdiciar. Déjame ver si es algo que no me interesa. Tengo que impedir que esto continúe."

**John:** –Bueno, dime un poco primero. ¿Me puedes dar algunos detalles?–

**Nosotros:** –Realmente no. Es muy visual. No estoy vendiendo nada. Confía en mí. Tienes que verlo en persona. ¿Cuándo puedes abrir 20 minutos en tu agenda para un café?–

¿En qué está pensando John ahora? "Esto me suena como a vendedor." Ahora John se pone muy escéptico. Es momento de posponer esto sin ofendernos.

**John:** –¿Es algo que tengo que comer o probarme, o es algo que tengo que observar?–

**Nosotros:** –Tengo una presentación que quiero mostrarte.–

El cerebro de John reacciona al instante. "¡¿Presentación?! Conozco esa palabra. ¡Es un vendedor! ¡Corre, corre! ¡Escóndete! ¡Guarda la billetera! ¡¡Candados a las puertas!!"

**John:** "Mmm… suena interesante, tal vez. Pero… esta semana no tengo tiempo. Yo te marco cuando tenga algún rato libre. ¡Te dejo por que estoy limpiando mi colección de tapas!"

Conseguir citas puede ser brutal.

# ESTO NO ES JUSTO.

Los nuevos miembros de nuestro equipo no tienen oportunidad. Son amateurs.

Imaginemos de nuevo a John. Él cambia de parecer y se une a nuestro negocio esta noche. ¿Al momento en que John pagó para ingresar al negocio, le obsequiamos...

- ¿Confianza ilimitada?
- ¿Habilidades profesionales de venta?
- ¿Total conocimiento y maestría del plan de compensación?
- ¿Una lista completa de objeciones con sus respectivas respuestas?
- ¿Autoestima al instante?
- ¿Un transplante de agallas?
- ¿Un guión con las palabras exactas para conseguir citas?

No. John es un amateur.

¿Qué es la primera cosa que le pedimos a John que haga? ¡Llamar a sus amigos para conseguir citas!

Un mal final se avecina. ¿Por qué?

Debido a que los amigos de John son profesionales. Han practicado cómo rechazar invitaciones para presentaciones y escabullirse de vendedores durante todas sus vidas. Con años de ventaja escapando de las citas, están listos para todo.

Luce como si John estuviese en una situación injusta, y no terminará bien para él.

Démosle una oportunidad a John, démosle las herramientas para tener éxito consiguiendo citas para su negocio de redes.

# 17 NETWORKERS INTENTARON ESTO Y FRACASARON.

17 networkers intentaron conseguir una cita con mi tío malvado. Fue una masacre. Los networkers restantes tuvieron el sentido común de ni siquiera intentarlo.

Está bien, una ligera exageración, pero sabemos qué tan difícil es conseguir citas.

Aquí hay algunas razones de por qué ni lo intentamos:

- Los prospectos tienen resistencia a las ventas. Todos les quieren vender. **Todos.**
- Tenemos sentido común y detestamos ser rechazados.
- No nos gusta pedir el tiempo de nuestros prospectos.
- Nuestros deseos de comodidad son más grandes que nuestros deseos de dinero.

## ¿Y qué dicen los tíos malvados?

- "Cuéntame, ¿qué estafa estás arrastrando hoy? ¡Chico Pirámides!"
- "¡Deja de soñar! Sé normal como el resto de nosotros."
- "No puedo creer que pienses que yo quiero molestar a mis amigos."
- "No me importa lo que sea. ¡No me interesa!"

- "Ríndete. ¡Esas cosas nunca funcionan!"
- "No tengo tiempo… ¡para nada!"

Es de dar miedo.

Y los prospectos fríos pueden ser aún peores.

¿Por qué no hacemos más llamadas? ¿Es falta de motivación?

No. Tenemos motivación. Tenemos metas y sueños.

¿Entonces qué es lo que nos detiene? ¿Qué es lo que nos separa de nuestros sueños?

Descubramos las dos razones por las que conseguir citas se siente tan difícil.

# PENSAR EN CÍRCULOS NO SOLUCIONARÁ NUESTRO PROBLEMA DE CITAS.

Nos preocupamos. Queremos tener éxito. Y aún así no hacemos el intento por conseguir citas.

¿El resultados? Culpas.

Es fácil permitir que nuestros miedos y ansiedades se acumulen. Cada día que no tenemos o incluso intentamos conseguir una cita, nuestros espíritus se rompen un poco más. Nuestras mentes caminan en círculos buscando soluciones. Nos preguntamos, "¿Debería de intentarlo más duro? ¿Qué me hace falta? ¿Qué está mal en mí? ¿Tengo miedo? ¿Por qué estoy fracasando?"

Esto no es productivo. Utilizar el poder de nuestro cerebro en deprimentes preguntas al azar no resolverá nuestro problema.

¿Qué es lo que deberíamos estar preguntándonos?

No estoy consiguiendo citas por que:

1. ¿No **quiero** hacerlo?

2. ¿No **puedo** hacerlo?

## "No quiero hacerlo."

Sí. Este es un problema de mentalidad, un obstáculo enorme. Arreglar nuestra mente, reparar nuestras historias internas, y liberar nuestros miedos puede ser retador. Afortunadamente, aprenderemos cómo solucionar éstos puntos en los capítulos más adelante.

El reto más grande que tenemos es el problema de "no quiero hacerlo." Si nunca comenzamos, nuestras oportunidades son cero. Si resolvemos el problema "no quiero," estamos a 90% del camino para citas ilimitadas.

## "No puedo hacerlo."

Este es el problema más fácil de solucionar. Aprender habilidades libres de rechazo será rápido y eficiente.

Cuando comenzamos en redes de mercadeo, no conocemos las palabras correctas ni las habilidades de "cómo hacerlo." No entendemos los programas subconscientes en las mentes de nuestros prospectos. Pero podemos aprender. Aprendimos a usar nuestro smartphone. Aprendimos a conducir. Seguramente podemos aprender las palabras correctas para saturar nuestros calendarios con citas.

Aprenderemos las palabras, aprenderemos lo que nuestros prospectos esperan de nosotros, y solucionaremos los problemas que tenemos "en la cabeza" y que nos frenan.

Si no dominamos este problema, todo nuestro grupo se infectará. Podemos asustar a nuestro grupo diciendo, "Pongámonos al teléfono y empecemos a hacer citas para presentaciones."

Esto es cruel. Mira cómo la sangre se drena de su rostro. Es como si alguien absorbiera el oxígeno dentro de sus pulmones.

Y se pone peor.

Incluso si nuestro grupo logra hacer unas pocas llamadas, un prospecto podría decir, "Primero dime de qué se trata." Ahora nuestro nuevo miembro del equipo no sólo tiene miedo, sino que entró en pánico.

Esta es la pregunta más difícil para los nuevos miembros de tu equipo. ¿Qué pueden responder?

Si dicen demasiado poco, lucirá como si están ocultando algo. Si dicen demasiado, los prospectos sienten como que ya lo saben todo y rechazan la cita.

Demasiados problemas.

Vamos a comenzar. Primero atenderemos al gorila de 300 kilos en la sala que juega con nuestras ideas: El problema "no quiero."

# "NO QUIERO HACERLO."

El líder de redes de mercadeo, Nam Do, es la definición de fuerza de voluntad con esteroides. No le teme a nada, está dispuesto a hacer lo que se necesita para cumplir con el trabajo. Desafortunadamente, pocos de nosotros tenemos esa clase de disciplina.

Este capítulo es para el resto de nosotros.

Por que debido al miedo, muchos empresarios toman este enfoque al hacer citas:

"¡Estoy agresivamente esperando que mi teléfono suene!"

Sí, incluso con una actitud positiva, eso no funcionará. Debemos de ser más proactivos.

Cuando estamos reuniendo el coraje para llamar a nuestros prospectos para hacer citas, hay objeciones y sentimientos que nos frenan y no dejan que salgamos adelante.

Nosotros:

- Nos sentimos con miedo.
- No queremos arriesgarnos al rechazo.
- No queremos que nuestros amigos piensen que estamos tratando de ganar dinero de ellos.
- Sentimos culpa al pedirle un favor a nuestros amigos.

- No sabemos qué decir.
- Queremos posponerlo.
- Buscamos maneras de evitarlo.
- Fingimos hacer otras cosas para lucir que estamos ocupados.
- Nos sentimos culpables debido a que no conseguimos citas. Creamos gráficas y tablas de lo que pasaría si tuviésemos el valor de hacer algo.

Y la lista sigue y sigue.

Las fuerzas de la resistencia nos superan. No intentamos hacer citas. En lugar de eso, barajamos algunas tarjetas de presentación y nos ponemos a ver televisión.

## ¿Por qué lo posponemos?

Las dos principales razones de la procrastinación son:

1. La tarea es demasiado grande. No partimos el trabajo en pasos pequeños y manejables.

2. No tenemos las habilidades para desempeñar la tarea dentro de nuestra zona de confort.

Aquí hay algunas soluciones rápidas.

## #1. La tarea es demasiado grande.

¿Dónde comienzo? ¿A cuántas personas debo llamar? ¿A quién le llamo primero? ¿Tal vez debería de trabajar en mis respuestas para objeciones? Nuestro diálogo interno gana.

La solución es hacer que el primer paso sea específico y muy pequeño. Nuestras mentes dirán, "Está bien, puedo hacer ese poquito." ¿Algunos ejemplos?

- Hoy haré una lista de las 10 personas más cómodas para llamar.
- Mañana, cuando regrese del trabajo, llamaré a éstas dos personas en mi lista.
- Llamaré con mi amigo para decir "hola," y si mi amigo me pregunta qué hay de nuevo, le diré que hay que vernos para un café. Si no pregunta, está bien.
- Le diré a una persona hoy, "Si algo de dinero extra cada semana suena bien para ti, vamos a platicar."
- Mañana por la mañana, le enviaré este texto para una cita a dos amigos más.

Pasos pequeños. Nada que temer. Fácil de hacer. Casi sin esfuerzo. El poder de la procrastinación se desmorona cuando el primer paso es fácil. La resistencia se derrite.

Si nuestra procrastinación todavía nos sujeta fuertemente, ¡entonces hagamos nuestro primer paso todavía más chico!

¿Qué hay de la segunda causa de la procrastinación?

## #2. No tenemos las habilidades para desempeñar la tarea dentro de nuestra zona de confort.

Esto es un problema real. Si solamente leemos libros y nunca practicamos lo que estamos leyendo, no saldremos adelante. Sabemos que no poseemos las habilidades.

Aquí hay algunos ejemplos de las habilidades que podrían hacernos falta y que nos frenan al momento de hacer nuestra primera llamada para una cita.

- ¿Qué digo si entra al buzón de voz?
- Si mi prospecto me pregunta de qué se trata, ¿por dónde empiezo?
- ¿Qué tal si mi prospecto pregunta, "¿Me quieres vender algo?"
- ¿Qué debería hacer para que se comprometan a una cita?
- Cuando los prospectos son escépticos, ¿qué tengo que hacer?
- El prospecto dice, "¡No me vuelvas a llamar!" ¿Ahora qué hago?

Aprenderemos las respuestas en los próximos capítulos. Relájate. No permitas que el miedo te sujete por la garganta. Las palabras y frases que aprenderemos serán completamente seguras, amables y libres de rechazo.

# "¿POR QUÉ ME SIENTO AVERGONZADO?"

El problema "no quiero hacerlo" tiene muchas causas.

Pero si superamos nuestra vergüenza inicial, la procrastinación sufre una derrota instantánea.

¿Por qué nos sentimos avergonzados cuando queremos hacer citas?

- No estamos convencidos de que nuestra oferta tiene suficiente valor.
- Nos preocupamos sobre lo que los demás piensan de nuestras intenciones.
- Nuestra historia interna predice la derrota antes de que comencemos.

Cuando removemos la vergüenza personal, las cosas se facilitan. Aquí está algo para pensar.

Tomemos a una personalidad amarilla. ¿No sabes lo que es una personalidad amarilla? Aquí hay algunos rasgos característicos de las personalidades amarillas.

A las personalidades amarillas les encanta ayudar a las personas. Ellos piensan en ayudar a otros más de lo que piensan en sus necesidades personales. Ellos son amables, generosos, llenos de empatía y nunca quieren ofender o hacer que los demás se sientan incómodos. Profesiones típicas donde encontrarás personalidades amarillas son maestras de jardín de niños, terapeutas de masajes, trabajadores sociales y organizadores de caridad. Ellos son tímidos, no presionan y no entran a menudo a las profesiones de ventas. Y siempre les lastiman los sentimientos.

Está bien, lo sobre-simplificamos, seguro, pero queremos llegar a un punto. Pídele a una personalidad amarilla que haga llamadas para citas de donaciones a una noble causa. Se compromete de inmediato. Nunca se cansa. Nunca se desanima. Nunca se avergüenza cuando pide, incluso firmemente, ese dinero.

¿Vemos la diferencia? El ridículo se desvanece cuando nuestra historia interna refleja una creencia en lo que hacemos.

Las personalidades amarillas pueden superar sus miedos inmediatamente para recaudar fondos y hacer llamadas en frío. Su coraje no tiene que ver en absoluto con la comisión y el plan de pago, el bono del auto, calificar para un viaje, o portar el siguiente pin de reconocimiento en la convención.

Deja que esa idea se asiente.

## La ordinaria motivación por recompensa no funciona tan bien como la creencia.

Cambia tu historia interna y puedes cambiar tu vida. Los prospectos reaccionan ante nuestra historia interna.

Si no creamos una historia para nuestras mentes, alguien más lo hará. No queremos que alguna otra historia ingrese al azar en nuestras mentes. Eso no sería bueno.

Paul Smith escribió el libro, *Sell With A Story*. Describe un experimento. Nosotros modificamos la explicación del experimento para mostrar una analogía de redes de mercadeo para nuestro caso.

**Vendedores, grupo #1.** Este grupo no recibió ninguna historia interna nueva. En las siguientes dos semanas, sus ventas fueron consistentes.

**Vendedores, grupo #2.** Este grupo recibió una historia interna de qué tan asombrosas serían sus carreras si tuviesen éxito. Escucharon sobre los coches, los bonos y las promociones. Sus ventas fueron consistentes también sobre el periodo de dos semanas.

¿Cómo? ¿Sin cambios? Pero, ¿ésta nueva historia interna no motivaría a los vendedores? En este caso, no. Las ventas fueron las mismas.

Podríamos pensar de nuevo el decirle a nuestro equipo que fijen nuevas metas o que renueven las fotos de su tablero de visión. Es una idea. Si la recompensa es sólo para ellos, no parece ayudarles con sus niveles de creencia internos.

**Vendedores, grupo #3.** Ellos recibieron una historia interna sobre cómo los clientes previos se beneficiaron y disfrutaron lo que compraron. Para nuestro ejemplo de mercadeo en red de aquí, el grupo #3 escuchó testimonios de clientes satisfechos.

Este grupo duplicó sus ventas en un periodo de dos semanas.

# ¿Duplicó? ¿¿Qué??

Sí.

¿Cómo puede ser posible? ¿Podría ser que tenemos menos miedo de hablar con desconocidos cuando no estamos preocupados sobre nuestro beneficio personal?

¿Qué tal si nuestro nuevo plan fuese simplemente ayudar a otros? ¿Nos ayudaría a superar nuestra vergüenza y resistencia a hacer llamadas con prospectos?

Sí.

Recuerda a esas personalidades amarillas sin miedo.

No uses fuerza de voluntad consciente para combatir las vergüenzas personales. En lugar de eso, toma la opción fácil de modificar nuestra historia interna.

¿La gran lección? Cada uno de los tres grupos tenía sus propias historias dentro de sus mentes. Esta historia afectó sus resultados. La buena noticia es que podemos cambiar nuestra historia interna en cualquier momento, ¡y es gratis!

¿Y qué ocurre cuando hacemos esto?

Nuestros prospectos se abren más cuando los llamamos para hacer citas. Los prospectos son reactivos. Responden no nada más a las palabras que decimos, sino a sus sentimientos sobre nuestras intenciones.

## Este caso de estudio es perturbador.

En redes de mercadeo decimos, "El desarrollo personal hace la diferencia."

Fijamos metas, creamos tableros de visión, memorizamos afirmaciones, cantamos el himno de la compañía, leemos libros que nos inspiran, asistimos a eventos de motivación repletos de gente emocionada, y creemos que esto hará una diferencia en nuestra motivación interna y efectividad.

Pero recuerda el caso de estudio. Le dimos al grupo #2 una visión de cómo mejorarían sus vidas. Aún así, sus resultados permanecieron iguales.

¿Recuerdas al grupo #3? Les mostramos cómo su producto o servicio ayudó a otros. Sus resultados se duplicaron. Al pensar en el beneficio para otros, su coraje y convicción se incrementaron. Los prospectos notaron la diferencia y compraron o se afiliaron.

¿Qué podría significar para nosotros si estamos tratando de resucitar un miembro inactivo de nuestro equipo? ¿O si estamos tratando de reunir el valor para hablar con prospectos?

Tal vez deberíamos concentrarnos en la contribución a la sociedad al exponer a más personas a los productos y la oportunidad. Cuando pensamos menos en nosotros mismos, y más en las demás personas, no hay tiempo para tener miedo.

¿Esto va en contra de todo lo que nos han enseñado acerca del desarrollo personal? Dejaremos que tú decidas eso. No obstante, esto seguramente luce como una buena forma para que superemos nuestros miedos y ansiedades sobre hablar con personas.

## ¿Qué hay del chantaje mental?

Es temporal en el mejor de los casos. Y nos hace sentir mal.

¿Un ejemplo? Fijamos una meta de ganar lo suficiente para que nuestra pareja deje de trabajar. Y luego no hacemos llamadas para conseguir citas. Nos preguntamos, "¿Cambié de opinión? ¿Esto ya no es importante para mí?"

Culpa. Sentimientos depresivos. Tal vez tratamos de hacer una o dos llamadas, pero no lo disfrutamos. Esto no va a funcionar a largo plazo.

El éxito a largo plazo requiere que cambiemos la historia dentro de nuestra cabeza. A menos que disfrutemos el proceso, nos detendremos. La fuerza de voluntad no es lo suficientemente fuerte para que resistamos el camino.

## ¿Cómo los prospectos notan cuando cambiamos nuestra historia interna?

Todos tienen un programa subconsciente que analiza a las personas que conocemos en busca de pistas. No pensamos en todas las pistas de manera consciente. Nuestra mente subconsciente se encarga de esto por nosotros. En menos de un segundo, analiza las pistas. Luego le dice a nuestra mente subconsciente las intenciones o planes de la otra persona.

Aquí está cómo obtuvimos ese programa. Hace muchos miles de años, un cavernícola salió de cacería. Se topó con un extraño. Ahora, ¿el extraño era amistoso o una posible amenaza? El cavernícola aprendió a prestar atención para determinar sus buenas o malas intenciones. Si el cavernícola se equivocaba, bueno, ese error significó que no vivió para reproducirse. Los cavernícolas sobrevivientes fueron buenos en detectar intenciones ocultas.

¿Qué tipo de señales notamos? Aquí hay cuatro grandes pistas.

1. Lenguaje corporal. Buscamos señales de agresión o intenciones ocultas. Algunas veces es obvio. Vemos que alguien entra por la puerta y pensamos, "¿Por qué esta persona trae puesta una máscara de hockey y trae un hacha en la mano?" Definitivamente es un mal lenguaje corporal.

2. Tono de voz. Incluso cuando niños, podíamos detectar si Mamá estaba enojada o feliz sólo por su tono de voz.

3. Micro-expresiones faciales. Nuestros rostros revelan nuestras intenciones. Nuestro rostro puede mostrar hasta 30 micro-expresiones faciales por segundo. Nuestra mente subconsciente sabe cómo leer esas micro-expresiones faciales. Cuando Mamá miraba dentro de nuestra habitación, antes de que dijera una palabra, nosotros mirábamos su rostro para saber si estábamos en problemas. (En el lado positivo, los niños observan el rostro de sus padres para decidir si es un buen momento para pedir permiso para algo.)

4. Palabras. Sí, juzgamos a las personas duramente por las primeras palabras que dicen. Siente cómo éstas palabras nos afectan:

- Presentación versus opción.
- Presentar versus platicar.
- Oportunidad versus posibilidad.
- Cambiar versus mejorar.
- Junta versus plática.
- Agendar versus visitar.
- En el área versus vendré.
- Objeción versus problema.

¿En resumen?

Si cambiamos cómo nos hablamos a nosotros mismos (nuestra historia interna), nuestros prospectos lo notan y reaccionan.

# ¿CÓMO CAMBIAMOS NUESTRA HISTORIA INTERNA?

Simple. Comencemos a contarnos una historia nueva. Y si no podemos internalizar nuestra historia nueva, bueno, la repetición ayuda.

Espera… ¿contarnos una historia a nosotros mismos?

Sí. Y nuestra historia reemplazará la vieja historia que nos contábamos. Desafortunadamente, la mayoría de lo que ocupa nuestras mentes son historias. Estas historias son las interpretaciones de lo que decidimos contarnos a nosotros mismos. ¿Un ejemplo?

"Este vaso está medio lleno."

"Este vaso está medio vacío."

Nosotros elegimos la historia que nos contamos.

Creamos historias sobre partidos políticos, equipos deportivos, modas, opiniones, y sobre nuestras vidas. Creamos historias sobre lo que nos ocurre. Incluso creamos historias sobre quien creemos ser. Nuestras mentes son simplemente una gran fábrica de historias.

## Creamos nuestras propias historias.

Creemos una nueva historia sobre conseguir citas. Conocemos nuestra vieja historia. ¿Recuerdas?

- A los prospectos no les gusta que los molesten.
- Nadie responde a nuestras llamadas.
- Los prospectos piensan que quiero sacarles el dinero.
- Nadie quiere cambiar.
- Odio que me digan "no."
- Los prospectos están ocupados. Nadie tiene tiempo extra en su día.
- Los demás se burlarán de mí.
- Todos me verán como un vendedor incómodo.
- Conseguir citas es muy difícil.

¿Cuál podría ser nuestra nueva historia? Qué tal...

- La gente quiere tener más dinero en sus vidas.
- Esta es la oportunidad de la vida.
- Todos quieren estos productos.
- No tengo que vender nada. Solamente les doy opciones.
- Las personas me amarán cuando resuelva sus problemas.
- Las personas desean que les ayude.
- Conseguir citas es fácil.

Cuando nos contamos esta nueva historia, nuestro miedo y ansiedad se desvanecen. ¿Cuántas veces deberíamos de contarnos esta nueva historia? Para la mayoría de nosotros, muchas veces. Pero lo vale.

**Conseguir citas es menos sobre guiones y motivación personal y más sobre aliviar nuestra ansiedad y miedo de contactar personas.**

Si nos sentimos culpables, ahora sabemos por qué. Es nuestra historia interna. Cuando estamos resolviendo problemas, primero debemos de identificar correctamente el problema principal. Si nosotros, o nuestro equipo no estamos consiguiendo citas, vamos a trabajar en la ansiedad y los miedos primero.

Aquí hay tres herramientas que podemos usar para estos miedos y ansiedades:

1. Creencias. (Esas las estamos cambiando con nuestra historia interna.)

2. Expectativas. (Sé realista. Comprende a los demás y ten empatía.)

3. Habilidades. (Llegaremos a esto pronto.)

Nuestros miedos nos estancan y no lo intentamos. Aquí está una historia que muestra que es más fácil "sentir" el problema en una historia que explicar el problema.

## La historia del helado.

Me gusta el helado. De hecho, adoro el helado. ¿Y qué es mejor que un helado? ¡Helado gratis!

Imagina que nos dan helado ilimitado de por vida con servicio a domicilio.

¿Dónde está el gancho?

Podemos comer todo el helado gratuito que queramos. Pero cada vez, antes de comerlo, tenemos que insertar agujas debajo de las uñas de los dedos.

¡¿QUÉ?!

Suena doloroso para mi gusto. Además, ¡le tengo pavor a las agujas! Mis recuerdos infantiles con astillas de madera debajo de las uñas me hacen temblar hoy en día.

¿Sientes la incomodidad? ¿Piensas en el dolor? ¿Estás pensando en dejar el helado y cambiarlo por pastel? Yo me iría por el strudel, el pastel, las galletas... lo que fuera, ¡menos helado!

No estoy solo. La mayoría de los humanos evitan el dolor. La comodidad es nuestra amiga.

¿Cuál es la lección aquí?

"No importa lo grande de la recompensa, si el proceso o actividad que conduce a esa recompensa es incómodo, los humanos se resisten."

Sí, podemos mentalmente forzarnos por un rato. Sin embargo, si el proceso o actividad es desagradable, eventualmente la dejaremos.

El secreto es hacer la actividad agradable.

Un guión novedoso no resolverá este problema. Esto es un problema mental, no una habilidad de palabras simples.

# ¿QUÉ HAY DEL CONSEJO DEL "GURÚ"?

El consejo del gurú es técnicamente correcto. Lógico. Sensato. Y no funciona con humanos.

Los humanos no son seres lógicos ni sensatos. Nuestros cerebros son órganos de supervivencia. Pensar lógicamente y con sensatez es una fantasía. Aquí hay algunos ejemplos de buenos consejos técnicos que no funcionan con nuestro cableado humano.

"Come menos. Has más ejercicio. Baja de peso." Si eso funcionara, no tendríamos personas obesas en este mundo. Suena bien, pero no es un consejo que podamos seguir como humanos. Tenemos otros programas que dominan este buen consejo. Solamente hace falta una mirada casual para demostrarnos a nosotros mismos que este consejo no sirve.

"Sé valiente. Enfrenta al miedo. Y el miedo se derretirá." Bueno, eso fue fácil de decir para el gurú, pero nosotros somos los que tenemos que enfrentar a ese miedo. ¿Y qué ocurre? Enfrentamos al miedo y todavía estamos asustados. No nos gusta para nada. El miedo no se derrite. Aparentemente nuestro miedo no estaba escuchando cuando nuestro gurú nos aconsejaba.

"Gasta menos. Gana más. Entonces, seremos ricos." Esas instrucciones no fueron difíciles. Quien sea puede seguirlas. ¿Pero lo hacen? Casi nunca. Sólo algunos casos raros pueden poner a trabajar este consejo. Para la mayoría de los humanos ese consejo les suena como en otro idioma.

"¿Quieres más citas? ¡Habla con más desconocidos!" ¿Dónde hemos escuchado esto antes? ¡En todas partes! ¿Y es lo que hacemos? No. Como humanos, estamos más preocupados con evitar el rechazo, sintiéndonos bien internamente y no dañando nuestra autoestima. Esos programas son más poderosos, así que no hablamos con ningún desconocido. De nuevo, genial consejo, pero los humanos no lo siguen.

¿Notamos el patrón aquí? Las recompensas por obedecer este consejo serían enormes. Sin embargo, dejamos que nuestros otros programas, tales como evitar la incomodidad, dominen lo que hacemos.

Como humanos, nuestra programación interna dice, "Evita el dolor. Evita la incomodidad." En la jerarquía de programas, éste se encuentra cerca de la cima.

Un mejor consejo sería, "Encuentra una forma de hacer citas que sea cómoda para ti. Si está dentro de nuestra zona de confort, es algo que vamos a hacer."

## ¿Qué determina nuestra zona de confort?

Nuestra historia interna, la historia que nos contamos a nosotros mismos.

Las buenas noticias son que podemos crear una nueva historia en cualquier momento que queramos. Cada historia dentro de nuestra mente es artificial. ¿Por qué no diseñar una historia que nos sirva, en lugar de frenarnos?

## Opciones.

"Opción" es una de nuestras palabras favoritas.

¿Qué significa la palabra "opción" para los prospectos? Significa que está bien decir "sí" o "no" a nuestra sugerencia. Sólo será una opción más en sus vidas. Podrán guardar nuestra opción para después. No los presionaremos para que tomen nuestra opción ahora. No hay culpa ni humillación al no actuar sobre las opciones que les ofrecimos.

¿Qué significa la palabra "opción" para nosotros? Significa que no hay un "sí" o "no," un vive-o-muere, ni alta presión por el momento. Nosotros simplemente ofrecemos una opción más en la vida de nuestros prospectos. Ahora depende de los prospectos decidir si esa opción les sirve o no.

¡Nada de rechazos! ¡Nada de estrés! ¡Nada de vergüenzas!

Amamos darle a los prospectos el regalo de otra opción para sus vidas.

Aquí está un ejemplo de la diferencia.

Imagina que somos dueños de un restaurante. Nos paramos fuera de nuestro restaurante para buscar clientes para nuestra fina cocina italiana. Detenemos a un transeúnte y decimos, "Tenemos la comida italiana más sabrosa. Nuestro chef viene de Sicilia. Pasó diez horas preparando su salsa de tomate especial. ¿Gusta pasar a comer?" Ahora, ésta es una decisión de "sí" o "no," ganar o perder, vivir o morir. Nos sentiremos mal si el transeúnte nos rechaza. Hay riesgo.

En lugar de eso, imagina que detenemos a una persona y le decimos, "Si tienes ganas de una buena comida italiana hoy, aquí la tenemos. O, si prefieres comer las sobras frías en casa, también está bien." Esto es una opción. La persona se siente bien. No hay presión. Pero si la persona no quiere una deliciosa comida italiana y prefiere comer las sobras frías en casa, estamos bien. Nosotros ofrecimos nuestra opción. Hicimos nuestro trabajo. Le dimos servicio a la persona. No nos sentimos mal ni rechazados.

## El enfoque "no estoy vendiendo nada."

"Hola, Sr. Prospecto. Me gustaría hacer una cita con usted y nada más necesito 20 minutos de su tiempo. No estoy vendiendo nada."

Los prospectos no nacieron ayer. Pueden oler a un vendedor a kilómetros. Ellos piensan, "Me huele a mentiroso. Activa la alarma contra vendedores. Ten escepticismo. Trata de evadir a este mentiroso vendedor."

Cuando somos nuevos en el negocio, podríamos pensar que esto un buen enfoque. Pero después de pensarlo mejor, se siente engañoso. ¿Por qué? Debido a que no estamos siendo genuinos con nuestros prospectos.

¿Hay manera de arreglar esto?

Utilizaremos el principio de notificación de nuestros libros previos. Si no los has leído, aquí tienes una breve explicación del principio de notificación.

Si abrimos un negocio tradicional como un restaurante en la Avenida Principal, ¿por lo menos querríamos que nuestros amigos se enteren? Sí. Puede que no quieran venir a nuestro restaurante, pero pueden conocer personas que quieran. No les pedimos que vengan, pero si están buscando un lugar para comer en el futuro, no queremos que nuestro negocio sea un secreto. Además, podrían sentirse ofendidos si descubren que no les dijimos.

¿Cómo notificaríamos a nuestros amigos? Si nos preguntan qué hay de nuevo en nuestras vidas, podemos contarles acerca de nuestro restaurante. Podríamos enviar una simple postal por correo. O publicarlo en redes sociales. Esto es natural y no es engañoso.

Piensa en esto. Si abriéramos una zapatería, nos damos cuenta de que nuestros amigos probablemente no necesitan zapatos hoy. Pero les dejaríamos saber que abrimos la tienda en caso de que necesiten comprar zapatos en el futuro. ¿Tienen que venir a nuestra tienda? No. Tal vez nuestros modelos no les gustan, pero les dejamos a ellos esa decisión.

Tony Miehle tiene una frase grandiosa que usa con sus nuevos agentes de seguros. Cuando un nuevo agente se une, se ven a sí mismos llamando a sus amigos y diciendo, "Hey ¿quieres comprarme un seguro de vida?" Eso suena como el inicio de una película de terror. Sus nuevos agentes están obviamente asustados y no llaman para hacer citas.

¿Cómo resuelve esto Tony? Les dice a sus agentes que sean abiertos y honestos. Sus agentes deberían sacar una cita con sus contactos, no para venderles un seguro, sino para mostrarles lo que están haciendo. Así, si sus contactos conocen personas en el futuro que necesiten un seguro de vida, pueden referirlos con el nuevo agente.

Esa es una forma mucho más fácil de aproximarse a las personas. La mayoría están felices de tomar unos minutos para saber qué hacemos. Así, si conocen a alguien que necesite nuestros productos o servicios, pueden referirlos con nosotros.

¿Listo para ver el guión de Tony? Aquí está:

"Quiero tomarme unos minutos para mostrarte lo que estoy haciendo. No voy a ir para venderte nada. Pero me gustaría que fueras una fuente de referencia en el futuro en caso de que conozcas a alguien que pudiera usar mi servicio. Y si ves algo interesante para ti, también está bien, pero no es la razón por la que quiero pasar a visitarte."

Eso es abierto y directo al punto. Damos una razón para nuestra cita y explicamos por qué no estamos ahí para venderles. Esto ayuda a liberar el estrés de nuestros prospectos. Al darles una razón, esto suena más genuino y no activa las alarmas contra vendedores.

¿Podríamos modificar esto para nuestro negocio? Intentemos algo para un negocio de nutrición.

"El lunes comencé mi nuevo negocio de salud. Sé que eres súper sano, así que no te pido que compres nada. Pero quiero que veas lo que estoy haciendo en caso de que conozcas personas que no son tan sanas como tú, y que quieran ayuda. Tal vez los puedas referir conmigo si te gusta lo que hago. ¿Tienes 10 minutos un día de la semana?"

Sí, estamos pidiendo 10 minutos de su tiempo. Pero no es tan atemorizante como tratar de hacer una cita para venta. Las buenas noticias son que probablemente les guste tanto lo que estamos haciendo que se ofrezcan para ser nuestros clientes. O tal vez, miembros de nuestro equipo.

¿Nos sentimos mejor con ese enfoque?

Aquí hay otra ventaja. Todos con los que hablamos conocen por lo menos 200 personas que nosotros no. Pueden referirnos con alguien que necesita desesperadamente nuestros productos o servicios de inmediato.

¿Qué tal si probamos algo para un negocio de viajes?

"La semana pasada comencé mi negocio de viajes con descuento. Yo sé que tú no viajas mucho y rara vez tomas vacaciones, pero quiero mostrarte lo que estoy haciendo. Así cuando conozcas a alguien que quiera irse de vacaciones, puedes referirlo conmigo. Yo me encargaré de que se ahorren un dineral y tal vez hasta te manden una postal de agradecimiento. Tus amigos te apreciarán. Te puedo contar todo en unos minutos. ¿Cuál es el rato menos loco para poder ver un video de 4 minutos?"

¿Los prospectos temen nuestras llamadas? Sí. Pero de todos los tipos de llamadas que podríamos hacer, pedir referidos es la que menos les asusta. Aquí están los tres tipos de llamadas desde el punto de vista de nuestros prospectos:

1. Me pedirán que me una a su negocio. (Su miedo más grande.)

2. Me pedirán que compre algo. (Su segundo miedo más grande.)

3. Me pedirán referidos. (El más pequeño de sus miedos más grandes.)

Aquí hay buenas noticias. Muchas personas estarán felices de ayudarnos en nuestro nuevo negocio. Usarán sus conversaciones de boca a boca para promovernos. ¿Por qué? Por que las personas se sienten bien cuando ayudan a alguien. Y la ayuda que nos dan no les cuesta nada. Un verdadero ganar-ganar para todos.

Está bien, ¿te sientes mejor ahora?

¿Pero qué hay de nuestra motivación interna?

Veamos ahora la motivación.

# MOTIVACIÓN.

Esta es una pregunta retórica.

¿Dónde conseguimos nuestra mejor motivación?

A. Internamente.

B. Externamente.

Por supuesto que todos conocemos la respuesta. La auto-motivación, el tipo que viene desde adentro, es consistente todos los días.

¿Cómo conseguimos esta motivación interna?

Fácil. ¿Recuerdas el caso de estudio previo de los tres grupos de vendedores? ¿Recuerdas cómo usamos historias exitosas de clientes para fortalecer sus creencias y cambiar sus historias internas? Estas mismas historias pueden impulsar nuestra motivación interna.

Aquí está exactamente lo que deberíamos de hacer para construir nuestra motivación interna. Es simple, pero muchos saltan este paso y entran en conflicto.

Si vendemos seguros de vida, deberíamos visitar viudas y familias que perdieron su principal fuente de ingreso cuando el que se "ganaba el pan" murió. Escucha sus historias de qué tan diferente fue su vida al tener un seguro en el momento.

Si vendemos productos de dieta, podemos visitar clientes delgados y felices que mejoraron su auto-imagen y salud usando nuestros productos. Podrían mostrarnos sus nuevos guardarropas. O cómo ahora pueden dar largas caminatas junto con sus hijos.

¿Qué tal si vendemos productos para la piel que eliminan el acné en los adolescentes? ¿No sería divertido escuchar las historias de las chicas que detestaban ir a la secundaria, pero que ahora se sienten seguras con su piel perfecta?

¿Qué tal si tenemos dudas sobre nuestra oportunidad de negocio? ¿Qué podemos hacer ahí? Visitaríamos distribuidores exitosos que cambiaron sus vidas con sus nuevas carreras bien pagadas en redes de mercadeo.

Si vendemos viajes con descuento, ¿no sería divertido visitar a una familia que acaba de regresar de Disney World? Podríamos escuchar su historia de cómo nunca hubieran podido pagar esto antes, pero nuestra compañía lo hizo posible.

Cada persona con la que hablemos producirá una creencia más grande. Así construimos una mejor historia y convicción dentro de nosotros. Cuando esa historia y convicción es fuerte, nuestra incomodidad sobre compartir nuestro mensaje se esfuma.

Esa es nuestra meta. Remover la incomodidad de compartir nuestro mensaje. Y como beneficio adicional, nos sentimos motivados después de escuchar cómo las vidas de otros han mejorado.

# ¿Nuestra historia interna puede destruir nuestra motivación para hablar con personas?

Sí. Aquí hay un ejemplo.

Una compañía eliminó un cierto bono de su plan de compensación. ¿Cómo reaccionaron algunos distribuidores?

"¡Oh no, esto es terrible! Eliminaron uno de nuestros bonos. Ya no está tan bien como antes. Nadie querrá ingresar."

Esta es una respuesta emocional típica ante un evento muy real. El plan de compensación ya no es tan bueno como antes.

¿Pero qué tan bueno es el plan de compensación que permanece? Mucho mejor que el que tenía la compañía cuando inició. Cuando la compañía comenzó, el plan de compensación era muy básico. Aún así, las personas veían una oportunidad y entraban. Y entraban. Y seguían entrando. Cada año el plan se incrementaba con algo extra. Y las personas seguían entrando.

¿Este año? La compañía eliminó uno de los extras. El plan de compensación sigue siendo genial, pero algunos distribuidores se contaron una nueva historia: "Nadie entrará por culpa del nuevo plan horrible."

Sí, los distribuidores inventaron esta historia interna: "Nadie querrá ingresar si no tenemos ese pequeño bono extra."

¿Podrían crear una nueva historia mental que sea diferente? Sí. Vamos a ayudarles a contarse una nueva historia interna ahora.

"Cuando nuestra compañía comenzó, no teníamos ni folletos. Nuestro plan de compensación tenía sólo una manera de ganar. Con los años, agregamos 11 nuevas formas de ganar más bonos. Pero aún cuando teníamos una sola manera de ganar dinero, las personas ingresaron a nuestro negocio. Veían cómo el ingresar a la compañía podía cambiar sus vidas. Ellos querían esa oportunidad. Ayer, nuestra compañía eliminó una de esas 11 maneras nuevas de ganar bonos. Ahora sólo hay 10 maneras de ganar dinero. Esto es mucho mejor a cuando comenzamos. Además, ahora nuestra compañía tiene estabilidad y una buena reputación. Para las personas que se afilian hoy, ésta será la oportunidad más emocionante de sus vidas."

Recuerda, todo es una historia. Una historia hechiza que fabricamos y colocamos dentro de nuestras mentes.

Deberíamos de pensar ahora, "¡Las historias son geniales! ¿Puedo usar la misma técnica de las historias para hacer que los prospectos ingresen más fácil?"

Por supuesto. Tomemos un momento para ver cómo funciona.

Si tenemos dudas de marcar para hacer citas, ¿a qué se debe? ¿Tenemos reservas dentro de nuestra mente de que nuestros prospectos no se beneficiarán de nuestra oferta? En ese caso, vamos a solucionarlo con una nueva historia. En nuestra mente, crearemos un escenario de "lo peor que podría pasar." Y si nuestro escenario de "lo peor que puede pasar" es una mejora en la vida de nuestros prospectos, nos sentiremos confiados de hablar con ellos.

Dos ejemplos rápidos. Uno es para productos de dieta. Otro es para servicios básicos.

Aquí está cómo suena la nueva historia acerca de productos de dieta:

"Cuando te unas, y recibas tu paquete con tus productos de dieta, déjame mostrarte lo peor que podría ocurrir. Nadie con quien hables, incluso tu madre, quiere comprar nuestros productos. Entonces te ocupas en tu trabajo y no quieres continuar con nuestro negocio. En lugar de eso, usas tu caja de productos y terminas con 10 kilos menos y mucha más energía. Además, ahorraste dinero al comprar a precio de mayoreo. ¿Puedes vivir con este escenario del peor panorama?"

Wow. La mayoría de los prospectos dirá que sí a esto y no conocen todavía ninguno de los beneficios del plan de compensación.

Está bien, ahora veamos la historia acerca de los servicios básicos que le podríamos contar a nuestros prospectos.

"Cuando te afilies, lo peor que puede ocurrir es que eventualmente consigas 50 personas que quieran ahorrar en su factura eléctrica. Puedes hacer esto en 50 días, 50 semanas, 50 meses, tú decides. Toma tanto tiempo como quieras. Pero eventualmente encontrarás 50 personas que quieran pagar menos en su factura en lugar de pagar más. No todos son malos para las matemáticas, se pueden dar cuenta de que pagar menos dinero es mejor. Entonces tendrás una pensión de $500 dólares al mes. ¿Qué tan bien suena eso? Y no tuviste que trabajar durante 40 años para conseguirla. Esto es lo peor que podría ocurrir cuando te unas a nuestro negocio."

Si quisiéramos, podríamos continuar con nuestras historias usando algo de esperanza positiva. Aquí hay un ejemplo.

"Ahora, si decides construir un equipo, las cosas se ponen mucho mejor. Hay muchos bonos instantáneos y a largo plazo. La mayoría de las personas que se unen deciden que quieren ayudar a sus amigos a ganar un cheque extra. Sus amigos lo necesitan. Y ahora están ayudando a sus amigos, recibiendo bonos extras cada mes. Puedes construir un equipo tan grande como quieras. Eso depende de ti."

Podemos solucionar la mayoría de nuestros problemas de motivación y miedos internos con esta pequeña técnica de una nueva historia interna. Puede que haga falta algo de trabajo de nuestra mente subconsciente para aceptar la nueva historia, pero lo hará con la repetición. Podemos hacer que nuestras mentes subconscientes acepten casi lo que sea con la repetición. Ahora podemos comenzar a tomar control de nuestras mentes.

## Citas: "Lo que HACEMOS POR alguien, no lo que HACEMOS A alguien."

Este es un buen principio para que tengamos en mente. Pone nuestra mentalidad en el lugar correcto. Cuando estamos haciendo algo para otras personas, naturalmente nos sentimos bien. ¿Qué es lo que estamos haciendo que se siente tan bien? Dándoles una opción más para mejorar sus vidas.

Nuestro problema es que nos emocionamos tanto sobre nuestros beneficios, que nos aproximamos con las personas con el intento de hacerles algo A ellos. Queremos hacer que nos compren algo, o que se unan a nuestro negocio, que nos ayuden a calificar para el siguiente rango. Nuestro entusiasmo nos domina. Los prospectos huelen esto. Entonces nuestras acciones lucen mal ante sus ojos. Nos rechazan. Lo tomamos personal y nos sentimos mal.

Manejar nuestros miedos y ansiedades es un trabajo interno. Deberíamos dirigir nuestros pensamientos e intenciones a darle a nuestros prospectos una opción más de mejorar sus vidas.

## ¿Puedo fingir mis intenciones?

No. Debemos creer realmente que estamos ofreciendo una opción. Los prospectos saben cuando intentamos fingir con nuestras intenciones. ¿Cómo lo hacen? Ellos tienen sofisticados programas en su mente subconsciente que rápidamente nos analizan en busca de pistas. Todos tienen estos programas. ¡Incluso nuestras mascotas detectan cuando no estamos siendo sinceros!

Así que fingir nuestras intenciones no servirá. Debemos cambiar nuestra mentalidad de "Todo se trata de mí y de lo que gano," a "Todo se trata de ofrecerle a mis prospectos una opción maravillosa que pueden elegir para cambiar sus vidas."

La comunicación es más que sólo palabras.

## Deja de "intentar" conseguir citas con desconocidos.

Toma unos pocos momentos para pensar sobre esta afirmación.

Piensa en "la imagen completa" cuando quieras conseguir citas con desconocidos.

Conseguir citas con extraños se trata de lo que ocurre **antes** de que pidamos la cita.

¿No hay frase mágica o guión? No.

Nuestro éxito depende de lo que ocurre **antes** de que le pidamos a nuestros prospectos que aparten algo de tiempo para nosotros. No dependas de un guión mágico para automatizar conseguir citas.

¿Guión mágico?

Pensamiento de fantasía. E incluso si hubiese guiones mágicos, hacen falta **más** que unas pocas palabras para conseguir citas con desconocidos. Por ejemplo, ¿nuestro nuevo guión mágico funcionará si un niño de 7 años lo repite? Por supuesto que no. Hay muchos otros factores a considerar, tales como quién dice las palabras, las pistas subconscientes que enviamos con nuestras palabras, etc.

Entonces, ¿qué podemos hacer para hacernos más efectivos con los desconocidos?

Venderle nuestros beneficios a un desconocido se siente artificial y falso. ¿Por qué es esto?

Debido a que los humanos tienen sofisticados programas mentales que detectan nuestras intenciones. Necesitamos estos programas para sobrevivir. Recuerda cuando éramos cavernícolas, nos topábamos con desconocidos en el bosque. Rápidamente determinamos cuáles eran las intenciones de esos desconocidos. Si cometíamos un error, moríamos, quedando fuera de la alberca de genes. Sólo los cavernícolas astutos, con buenos programas, sobrevivieron.

¿Cómo los prospectos detectan nuestras intenciones? Nuestro lenguaje corporal, nuestro tono de voz, nuestras micro-expresiones faciales y nuestro vocabulario. Cuando hacemos una llamada o enviamos un mensaje, los prospectos no pueden ver nuestro lenguaje corporal o nuestras micro-expresiones faciales. Nuestras opciones de comunicación son limitadas. Ellos tomarán su decisión basados en nuestro tono de voz y el lenguaje que usemos. No hay mucho más que puedan utilizar. Sienten que estamos haciendo una llamada de venta.

Escuchamos los viejos dichos:

- A las personas les encanta comprar, pero odian que les vendan.
- Las personas quieren las relaciones primero.
- Las personas compran de quién conocen, les agrada y en quién confían.
- Las personas se preocupan más por cómo los hacemos sentir que por lo que tenemos para presentar.
- Nadie compra de un desconocido.

¿Notamos la tendencia? Las personas quieren primero las conexiones. Nuestras propuestas vienen en segundo lugar.

Estos son consejos geniales en papel, pero no conocemos a todos personalmente. Así que, ¿cómo construimos estas conexiones con desconocidos? Aquí está la versión corta:

1. Ten la intención correcta. Necesitamos querer ayudar a nuestro contacto.

2. Usa fuertes habilidades de afinidad.

Si no tenemos conocimiento de las habilidades de afinidad, aquí hay unas pocas para comenzar. La afinidad es la habilidad más importante en nuestra carrera. Sin afinidad, nadie confiará ni creerá en nosotros. Aquí hay consejos para comenzar:

1. Sonríe. Incluso cuando estamos al teléfono. Los prospectos creen lo que decimos cuando sonreímos. Es extraño. Pero funciona.

2. Dile a los prospectos un dato que ya creen. Pensarán que somos un genio, tal como ellos.

3. Lee sus mentes. Diles lo que están pensando. (Más acerca de esto más adelante en el libro.)

4. Usa comandos de palabras de afinidad tales como, "Bien, tú sabes cómo." Colócalas antes del dato que les diremos.

Esto es un breve comienzo.

## ¿La presión social puede hacer una diferencia?

Sí. Sin embargo, la presión social es motivación externa, la cual no es tan efectiva como la motivación interna.

Aquí hay un ejemplo de la presión social. El domingo por la tarde, reunimos al equipo para hacer citas de llamadas. ¿Cómo se siente el equipo?

Podrían estar pensando, "No me siento cómodo haciendo estas llamadas, pero tengo que hacer mi parte de trabajo por el equipo. Si todos conseguimos sacar citas, el negocio crecerá."

Podemos suprimir el miedo y la ansiedad con la presión del grupo, pero no resolveremos el problema a largo plazo. La motivación funciona mejor cuando viene desde adentro.

## ¿Qué tal si todavía no nos sentimos cómodos contactando a las personas de nuestra lista?

Si no estamos cómodos marcando con estas personas, tal vez sea por que no sabemos cómo ayudarlos. Pensemos sobre lo que podrían necesitar para resolver sus problemas. ¿Podemos ofrecer eso?

Si la respuesta es sí, nos sentiremos mucho mejor. Es momento de hacer una pequeña investigación sobre cómo podemos ayudar a nuestros prospectos.

Primero, vamos a hacer un ejemplo en el mundo físico. Luego, será fácil aplicarlo en el mundo digital.

Imagina que vendemos productos nutricionales, pero no conocemos los problemas de nuestros prospectos. Entrevistamos personas que están enfocadas en su salud. Con unas pocas preguntas, podemos descubrir si estas personas quieren una mejor salud, y cómo podemos ayudarlos con nuestros productos.

En el mundo digital, esto es todavía más fácil. Podemos unirnos a comunidades y grupos en línea que tienen preocupaciones sobre problemas de salud. Aprenderemos qué les falta, y eso será un gran paso en la dirección correcta de cómo podemos ayudarlos.

## ¿Debería apuntarle primero a mis amigos y familia?

¿Apuntarle? Pensemos en nuestra mentalidad cuando decimos, "apuntarle."

Esto significa que nuestras intenciones son de reclutarlos o venderles algo para beneficiarnos. Esto creará más miedo y ansiedad para todos en nuestro acercamiento.

Vamos a hacerlo fácil. Cambia tu mentalidad de "apuntarles" a "ofrecerles una opción más de mejorar sus vidas." Con esas intenciones irradiando de nosotros, los prospectos responderán mejor.

Conseguir citas es difícil e intimidante cuando empezamos. Esa "dificultad e intimidación" son auto-infligidos, y surgen de la historia interna que nos contamos a nosotros mismos. Nuestro primer paso es cambiar cómo manejamos nuestros pensamientos y sentimientos. No hay nada en el exterior que haga difícil conseguir citas, mientras tengamos la historia interna correcta.

## Aprender habilidades creará inercia y nos ayudará a construir nuestro negocio más rápidamente.

Pero recuerda, la mentalidad es primero. Luego podemos agregar habilidades. Por ahora, suficiente sobre mentalidad.

Ahora, sobre el "guión." Por supuesto, un guión es sólo una parte del escenario. Un guión genial, usado por un bebé de 3 años... no funcionará. Entonces, ¿cuáles son los otros factores de habilidades aparte de las palabras? Los aprenderemos pronto.

Vamos a continuar ahora con lo que decimos y hacemos cuando contactamos con los demás.

# HABILIDADES.

¡Nuestra parte favorita!

Si nuestra mentalidad es la correcta, y aún así no obtenemos resultados, debemos de enfrentar lo obvio. Nuestra falta de habilidades nos está frenando. Debemos de mejorar nuestras habilidades.

Decir palabras tontas como, "Me metí a una red de mercadeo y quiero darte una presentación para que te metas," da pena. Lo sé. Tú jamás dirías algo tan estúpido como eso. Keith y yo tampoco. Está bien, Keith no lo haría. Yo lo dije varios cientos de veces antes de comenzar a notar la tendencia negativa. Soy de lento aprendizaje. :)

Pero si nuestras habilidades son terribles, nuestra actitud positiva no será suficiente para salvarnos. Cada pequeña habilidad que aprendemos nos hace mejores.

## ¿La mejor manera de aprender habilidades?

Primero, aquí está la peor manera.

Tomar un curso de cocina durante 4 años. Luego, después de la graduación, vemos una estufa y un horno por primera vez. Trata de recordar todo lo que aprendimos, las notas que tomamos, etc. Esa es la fórmula para el miedo y un platillo terrible.

¿Una mejor manera de aprender?

Sí, leer libros, tomar cursos y asistir a talleres y conferencias. Recorta tu curva de aprendizaje apalancando las experiencias de otras personas. Pero, cada vez que aprendemos un nuevo secreto, salimos a la calle a practicarlo. De esa forma el nuevo secreto se vuelve automático.

Lo sabemos. Lo vivimos. No tenemos que pensar. Se vuelve en algo así como conducir nuestro auto o montar la bicicleta.

Aprende, practica, aprende, experimenta, aprende, prueba, etc.

## La gran lección.

Aprender la habilidad y tomar buenas notas solamente es la mitad del camino a la maestría. La experiencia es necesaria. Necesitamos ver cómo cada parte de la habilidad funciona en la vida real. No queremos salir a hablar con las personas y pensar, "Tengo el presentimiento de que esto podría funcionar." No, queremos experiencias del mundo real, no corazonadas.

Aquí hay otro ejemplo de este importante paso. Nuestra mente consciente puede mantener un pensamiento a la vez. Si leemos un libro, asistimos a cursos y miramos videos de instrucciones de cómo conducir, eso es mucho para recordar. Nuestra mente consciente no puede hacerlo. Nos sentaríamos al volante la primera vez, y luego intentaríamos recordar todas las notas que tomamos y el libro que leímos. Estoy seguro que sería una mala experiencia.

Cuando aprendemos algo y lo practicamos inmediatamente, tenemos experiencia. Desarrollamos un tipo de memoria muscular. Significa que nuestra mente subconsciente puede recordar esta tarea en automático. No tenemos que pensar de nuevo en cómo hacerlo. Es por esto que somos tan buenos conduciendo nuestro auto hoy en día. Todo se hace en automático. No tenemos que pensar en cuánta presión usar para pisar el freno, o cómo tomar una esquina.

Intentamos usar algunas frases. Experimentamos cómo reaccionan nuestros prospectos. Consideramos cómo responden. Y la siguiente ocasión, nuestras respuestas vienen más pronto. Luego, podemos seguir con más frases.

Pronto, experimentaremos casi todas las respuestas posibles de los prospectos. No más sorpresas. No más preguntarnos qué decir a continuación. Cuando nuestra experiencia alcanza este nivel, podemos pasar al siguiente. ¿Cuál es ese nivel?

Concentrar nuestra energía cerebral en ayudar a nuestros prospectos. Escuchamos con más atención a lo que dicen. Esto hace una diferencia entre los empresarios amateur y los profesionales.

Mientras aprendemos estas habilidades para conseguir citas, vamos a obtener experiencia de la vida real en nuestro camino de aprendizaje. Es muy fácil sentarnos en casa y decirnos, "Tengo el presentimiento de que esta frase podría funcionar. Pienso que mis prospectos podrían responder de esta manera."

En la vida real. En encuentros reales, ahora sabremos lo que nos funciona, y lo que no. ¡No saltes este paso!

## La habilidad secreta para conseguir citas que nuestros patrocinadores no nos dicen.

El secreto es "empatía." Si tenemos empatía, llamar a nuestros prospectos es fácil y divertido.

¿Qué es la empatía? Es ponernos a nosotros mismos en los zapatos del prospecto. Tratamos de pensar como ellos están pensando ahora. Hacemos el intento de ver las cosas desde su punto de vista.

Con empatía, podemos anticiparnos a las posibles objeciones. Escuchamos si hay resistencia, y prestamos atención a las necesidades de nuestros prospectos. Aprendemos sus objeciones y podemos atender nuestras objeciones, antes incluso de que los prospectos las mencionen. Ocuparnos de las posibles objeciones antes de que surjan es bueno para el negocio. Ocuparnos de las objeciones después de que surgen requiere de ventas duras.

### Empatía.

El primer paso para conectar es conocer a nuestros prospectos. Eso significa conocer los problemas de nuestros prospectos, sus vidas, sus batallas y sueños. ¿Necesitas pruebas?

Si somos contadores, es fácil para nosotros hablar con otros contadores. Conexión instantánea. Sabemos lo que piensan. Sentimos su dolor y frustraciones. Los conocemos a pesar de que acabamos de presentarnos. Los comprendemos y tenemos empatía.

Esto significa que nuestro primer paso al conectar es conocer a nuestros prospectos. Ellos sentirán que los entendemos.

Ahora, estamos en nuestro camino para conectar y conseguir una cita.

Las habilidades profesionales para obtener citas comienzan con esta comprensión debido a que conduce a una conexión fácil entre personas.

Si somos ingenieros, nos sentimos cómodos hablando con otros ingenieros porque los entendemos.

Ahora, ¿los ingenieros deberían intentar hacer llamadas para conectar con personas que bordan, adivinos new-age o el club local de fabricación de velas aromáticas decorativas? Probablemente no. Si ya estamos involucrados en una profesión que nos interesa, ¿por qué no concentrar nuestro tiempo y esfuerzos ahí?

El segundo paso es anotar una lista de problemas, dolores y frustraciones de las personas con las que tenemos algo en común. ¿Cómo podremos personalizar nuestra oferta a menos que sepamos cómo podemos reducir su dolor y frustración?

¿Un ejemplo?

Contadores. ¿Cuáles son algunos de los posibles dolores, problemas y frustraciones para los contadores? No todos los contadores padecen todos, pero entre más conocemos, más opciones de presentación tendremos.

- Certificaciones constantes cada dos años.
- Largas horas durante los tres meses de la temporada de impuestos.
- Los clientes tienen malos registros.

- Pocas oportunidades de crecimiento.
- Ambiente de trabajo aburrido.
- Expectativas irreales de los clientes.
- Demasiados detalles para recordar.
- Traslados tediosos y dificultad para estacionarse en el centro de la ciudad.
- Rutina, rutina, rutina.

Está bien, éstos son sólo algunos para comenzar. Ahora comprendemos mejor sus frustraciones.

¿Nuestros prospectos contadores serán capaces de decir si los entendemos y tenemos empatía con su situación? Sí.

¿El tercer paso? Las palabras. Las palabras correctas fluyen sin esfuerzo. Sabremos qué decir para romper el hielo, para cerrar, y podemos relacionarnos con cualquier objeción. Conocemos sus problemas. Sabemos cómo ofrecer nuestros productos y oportunidad. Conectaremos con las personas en lugar de usar una presentación de ventas genérica para todos. Nadie quiere ser tratado como un número. Queremos una conexión humana.

## Muchos networkers pierden años asistiendo a cientos de juntas y entrenamientos, y aún así nadie los enseña a conseguir citas.

Conseguir citas requiere de habilidades. Una vez que hablamos con nuestros amigos y familiares, se pone difícil. Comenzamos en una posición de cero confianza. Luego les pedimos que nos regalen su valioso tiempo. Y el hecho de que queremos venderles algo lo hace aún más difícil. Ellos lo notan.

Con nuestra mentalidad en el lugar correcto, cuando tenemos la confianza de que estamos aportando algo valioso, ¿debería ser fácil conseguir citas, ¿no?

No. Veamos qué es lo que ocurre en nuestras mentes cada segundo de cada día.

"¿Quién le dio de comer al perro? Más vale que planee la cena de hoy. ¿Qué me pondré para el trabajo mañana? ¿Cómo resolveré el gran problema con el proyecto grupal? ¿Qué programa quiero ver primero cuando llegue a casa esta noche? ¿Puedo pagar unas vacaciones con la familia este año? ¿A dónde podríamos ir que sea muy barato? ¿Qué tal si despiden a mi pareja? ¿Qué tal si…?"

Demasiadas decisiones, tan poco tiempo. Sólo podemos manejar una decisión a la vez. Otras decisiones nos presionan para terminar con nuestras decisiones actuales y continuar con ellas. Rayos. Estrés. No tenemos el tiempo. Y ahora un vendedor nos pide que detengamos todo ese trabajo de tomar todas esas decisiones? No podemos hacer eso. Estas decisiones son demasiado importantes en nuestras vidas como para posponerlas para después. Tenemos que actuar ya.

Imagina que estos pensamientos están en nuestra mente. Ahora, el teléfono suena. Veamos cómo interpretaremos las palabras del vendedor. ¿Listo?

**Vendedor:** –Hola. Mi nombre es Mister Ventas.–

**Nosotros:** (Detengan mis decisiones. Pongan todas las decisiones en pausa por un momento. ¿Por qué me está interrumpiendo este vendedor?)

**Vendedor:** –Me involucré en una maravillosa oportunidad de negocio…–

**Nosotros:** (Oh, no. ¡Un vendedor! ¡Quiere venderme algo! Ponte escéptico. No le creas nada. Evita su manipulación de ventas.)

**Vendedor:** –…y sólo necesito que me regale 20 minutitos de su tiempo…–

**Nosotros:** (¡¿Qué?! ¿20 minutos? ¡¿Pero está loco?! No puedo dejar todas estas decisiones en pausa durante 20 minutos. ¡No tengo ni 20 segundos!)

**Vendedor:** –…porque quiero mostrarle mi presentación…–

**Nosotros:** (¿¿¿Presentación??? ¡Vendedor confirmado! ¡Alerta, alerta! ¡Cierren las puertas! ¡Esconde la cartera! ¡Escudos arriba! ¡Corre, corre! ¡Sal de aquí!)

**Vendedor:** –…dígame, ¿cuándo sería oportuno reservar un espacio en su agenda? ¿El jueves a las 3 de la tarde o el viernes a las 6pm?–

**Nosotros:** (¡¡Nunca!!) –Oh, lo siento. Estoy algo ocupado en este momento. No puedo tomar tu llamada. Sí, es que me estoy mudando de país. No tengo espacio en la agenda y estoy por cambiar este número, hasta luego.–

¡Empatía al rescate!

Ahora imagina que somos el vendedor. Como profesionales, sentimos la interrupción y el estrés en la voz de nuestros prospectos. Así que, inmediatamente usamos una de nuestras respuestas preparadas para dejarle saber a nuestro prospecto que lo entendemos.

Parte de nuestra experiencia será observar las objeciones que encontramos o creamos, y tener frases para adelantarnos a las objeciones. Esto mantiene una conversación amistosa y agradable. Por ejemplo, para la objeción de "no tengo tiempo," aquí hay algunas frases para empezar:

- "Interrumpí lo que estás haciendo. No quiero hablar ahora. Sólo llamé para saber a qué hora es más conveniente para platicar."
- "No hay que hablar ahora. Estás ocupado. Pero, vamos a ver cuándo es un mejor momento para que platiquemos juntos."
- "Ahora puede que no sea el mejor momento para platicar, y necesito dejarte para que regreses a lo que estabas haciendo. ¿A qué hora es más conveniente para platicarte en 3 minutos?"
- "Lamento atraparte en un mal momento. ¿Cuándo es buena hora para hablar?"
- "Cielos. Suena como que estás muy ocupada y no quiero darte más estrés. ¿Cuándo puedes estar más tranquila para platicar unos 3 minutos?"
- "Yo sé que estás ocupado con un proyecto ahora. ¿A qué hora es el mejor momento para marcarte de nuevo?"
- "Sólo tengo un minuto ahora. Quería saber cuándo tienes tiempo para platicarte algo rápido."
- "Suena como que estás saturado en este momento. Tengo buenas noticias. ¿Cuándo es buen momento para llamarte?"

- "Tal vez no es el mejor momento para hablar. ¿Cuándo puedes platicar 3 minutos?"

Tener estas sencillas frases listas no sólo reducirá nuestros miedos personales, sino que también nuestros prospectos se relajan.

Un poco de preparación con frases como éstas puede ayudarnos bastante para hacer que nuestro proceso de conseguir citas sea mucho más placentero que antes.

# LOS PRIMEROS SEGUNDOS.

Llamamos a nuestros prospectos para conseguir citas. ¿Qué tan rápido deciden si quieren una cita con nosotros? Desafortunadamente, en los primeros pocos segundos.

Entonces, ¿qué tan pronto deberíamos de colocar nuestros beneficios que resuelven problemas en nuestra conversación?

Tan pronto como sea posible. Con los buenos amigos debemos ser un poco sociales al principio, pero con desconocidos, ellos quieren escuchar la razón por la que estamos llamando primero.

Mientras estamos preparando nuestras notas para hacer llamadas, queremos tener una enorme lista de posibilidades. Así, cuando hagamos nuestra investigación antes de las llamadas, tenemos problemas que podemos atender con beneficios relevantes. Aquí hay algunas posibilidades.

Problemas:

- Es difícil salir adelante con un solo cheque.
- No hay tiempo para estar con los hijos.
- No hay oportunidades de aumentos de sueldo.
- El tráfico y los traslados son cada vez más terribles.
- No hay dinero para unas vacaciones decentes.
- Envejecer es doloroso.

- Falta de energía.
- Acné.
- Perfumes demasiado costosos.
- Arrugas.
- Niños que no se alimentan sanamente.
- Preocupaciones por las multas de exceso de velocidad.
- El recibo telefónico es muy caro.
- Los costos de electricidad en el invierno.
- La grasa que se almacena en el cuerpo mientras dormimos.

Beneficios:

- Conseguir un segundo ingreso.
- Controlar nuestros horarios todos los días.
- Ganar dinero basado en nuestros esfuerzos.
- Trabajar desde casa con doble de sueldo.
- Descuentos en vacaciones de lujo.
- Mantener a nuestros cuerpos jóvenes.
- Más energía que un niño de 3 años.
- Piel más suave que trasero de bebé.
- Fragancias de calidad sin los altos precios de las marcas famosas.
- Reducir arrugas mientras dormimos.
- Ensalada concentrada en una cápsula.
- Un abogado en tu bolsillo.
- Tarifas telefónicas bajas.
- Tarifas eléctricas bajas.
- Quemar grasa mientras dormimos.

Necesitaremos esto en un capítulo más adelante mientras construimos las palabras exactas que debemos de decir. Eventualmente queremos que otros nos envíen prospectos. Necesitarán saber por qué sus amigos y conocidos deberían de contactarnos. Y pensar en estos problemas y beneficios para los prospectos nos coloca en un estado mental grandioso.

# LOS ELEMENTOS BÁSICOS DE UN GUIÓN TELEFÓNICO.

¿Qué es lo que diremos? No podemos hacer llamadas basados en nuestra actitud nada más. Eventualmente tendremos que decir algo. Queremos asegurarnos de que las palabras que usamos no activan la alarma contra vendedores. Además, deberíamos de asegurarle a nuestros prospectos que la llamada inicial para la cita será muy breve.

Así que, primero, vamos a usar un poco de sentido común antes de apresurarnos a realizar nuestra primera llamada.

Con tus amistades, no comiences diciendo, "¿Cómo te encuentras el día de hoy?" Esto produce un desagradable olor a vendedor que nuestros amigos pueden detectar. ¿O qué tal comenzar así con alguien que no conocemos?:

"Hola, mi nombre es Juan Pérez y el motivo de mi llamada es..." ¿Te suena como una introducción para una llamada de ventas?

¿Quieres arruinarlo desde el comienzo? Bien, entonces habla como un aburrido vendedor. Tenemos imágenes en nuestras mentes de los vendedores de los 70s, con sus ridículos trajes café a cuadros, yendo de puerta en puerta, hostigando a los pobres que abren la puerta. No hagamos eso. Aquí hay algunos viejos dichos de vendedores anticuados que podemos evitar usar. Queremos sonar como seres humanos reales, en lugar de vendedores egoístas y ensimismados.

- "¿Qué es lo que hace falta para que entres a esta oportunidad de negocio hoy mismo?"
- "¿Es mejor el martes a las 3, o el miércoles a las 5?"
- "Bueno, ¿no te importa el futuro de tu familia?" (Sí, esto está al límite de la grosería.)
- "Estaré pasando cerca de tu vecindario mañana, y quisiera caerte." (¿Qué piensa nuestro prospecto? "¿¿Caerme?? Eso suena como vendedor. Además, ni que fuera yo tan importante.")

Suficiente de los malos ejemplos. Veamos qué podemos hacer.

Aquí hay un guión del profesional del teléfono, Bernie De Souza. Ten la libertad de ajustarlo a tu personalidad y estilo. El guión es muy corto pero bastante efectivo. A los prospectos les gusta que seamos rápidos y vayamos al punto. ¿Recuerdas?

Bernie tiene cinco pasos.

1. Las palabras de apertura.

2. Leer la mente.

3. Crear afinidad.

4. Romper el hielo para crear interés.

5. El cierre. Acordar la reunión.

A Bernie le gusta usar la palabra "reunión" en lugar de "cita." Él dice, "Una cita suena atemorizante. Piensa en las citas con el dentista. En lugar de eso, la palabra 'reunión' luce más suave." Esto depende de ti y de tus prospectos potenciales. Sin embargo, ser cuidadoso con nuestras palabras hace una gran diferencia.

Vamos a analizar estos pasos uno por uno. Vamos a imaginar que estamos hablando con alguien que conocemos.

**#1. Las palabras de apertura.** "Soy Bernie. ¿Es buen momento para ti?" Siete palabras. Los prospectos ahora saben quién habla. Bernie se asegura de que sea un buen momento para que el prospecto pueda escuchar. Recuerda, si somos amables, las demás personas serán amables.

**#2. Leer la mente.** "Probablemente te estarás preguntando por qué te llamo." Ocho palabras. Esto suena como que somos respetuosos y tenemos empatía. Y debido a que Bernie lee las mentes de los prospectos, esto le ayuda a construir una afinidad más fuerte. El prospecto se siente aliviado. Le estamos anunciando que iremos al punto de inmediato.

**#3. Crear afinidad.** "Bueno, tú sabes cómo..." Cuatro palabras. Después de abrir con "Bueno, tú sabes cómo..." le diremos a nuestros prospectos algún problema que puedan tener. Estas cuatro palabras nos ayudan a fomentar el acuerdo y la afinidad dentro de la mente de alguien. Aquí hay algunos rápidos ejemplos de cómo sonaría esto:

- "Bueno, tú sabes cómo ambos hemos estado luchando con nuestro peso."
- "Bueno, tú sabes cómo los traslados a la oficina están peor cada día que pasa."

- "Bueno, tú sabes cómo ambos queremos llevar a nuestras familias de vacaciones el próximo año."
- "Bueno, tú sabes cómo tú yo odiamos nuestros empleos."

Los prospectos normalmente asienten con la cabeza y están de acuerdo, incluso si no los vemos por el teléfono.

¿Podríamos usar otras palabras para conseguir afinidad instantánea? Seguro que sí. Podríamos decir, "Sé que estás ocupado." Cuando reconocemos este hecho, nuestro prospecto se siente mejor. Le decimos a nuestro prospecto que no estamos para perder tiempo. Podríamos incluso hacer algo mejor leyendo un poco sus mentes, como, "Seguramente estás en medio de un proyecto."

**#4. Romper el hielo para crear interés.** "Acabo de encontrar..." seguido de nuestra posible solución. Tres palabras. ¿Cómo suena eso? Algunos ejemplos:

- "Acabo de encontrar cómo podemos perder peso cambiando nuestros desayunos."
- "Acabo de encontrar cómo podemos trabajar desde casa en lugar de tener que ir a una oficina diario."
- "Acabo de encontrar cómo podemos ahorrar dinero y pagar nuestras vacaciones con descuento."
- "Acabo de encontrar cómo podemos ser nuestro propio jefe."

Esto le deja saber a nuestros prospectos por qué queremos hablar con ellos. Si no conocemos la razón, deberíamos de hacer un poco más de investigación antes de realizar la llamada. La realidad es que nuestros prospectos tomarán una decisión instantánea si están interesados o no.

También podemos crear interés inmediato con esto. **"¿Tú estás…?"**

En nuestras conversaciones con prospectos, podemos dirigir su enfoque con esta pregunta, "¿Tú estás…?"

Esto hace que nuestras conversaciones sean breves, y más valiosas también. Aquí hay unos ejemplos:

- "¿Tú estás tratando de ahorrar dinero en tu recibo eléctrico?"
- "¿Tú estás sintiendo cansancio por las tardes después de comer?"
- "¿Tú estás cansado de salir a pelear contra el tráfico desde temprano para ir al trabajo?"
- "¿Tú estás necesitando un cheque extra cada semana?"
- "¿Tú estás buscando vacaciones más accesibles con tu familia?"
- "¿Tú estás protegiendo tu hogar con productos de limpieza naturales?"
- "¿Tú estás interesado en trabajar desde casa en lugar de ir a una oficina?"

Hablar en círculos es una pérdida de tiempo para ambos. Los prospectos aprecian cuando somos capaces de ir al grano inmediatamente.

**#5. El cierre.** Acordar la reunión. "¿Estaría bien si…? Tres palabras. Pedimos una fecha para la reunión (cita). Aquí hay algunos ejemplos:

- "¿Estaría bien si nos vemos el sábado en la mañana?"
- "¿Estaría bien si vamos a una reunión juntos?"

- "¿Estaría bien si platicamos en videollamada el viernes en la tarde?"
- "Estás ocupado todo el día. Así que, ¿estaría bien si platicamos en la comida esta semana? Para no interferir con tu calendario tan saturado."
- "Debemos platicar. Respeto que tengas el día ocupado en la oficina, ¿estaría bien si te marco después del trabajo o el fin de semana?

Y... ¡es todo!

Para alguien que conocemos, esta es una guía grandiosa. Para alguien que no conocemos, por supuesto, realizaremos algunos ajustes. Pero, recordemos los puntos importantes.

- Ser breves.
- Ir al punto.
- Ser respetuosos.
- Si somos amables, los demás serán amables con nosotros.

Y después, práctica, práctica, práctica.

¿Por qué queremos practicar? Debido a que si no practicamos, los prospectos pueden olfatear nuestras dudas y nuestra desesperación mientras hablamos. Es por eso que debemos primero tener intenciones honorables, ¡ayudarlos! Queremos que nuestros prospectos detecten esa intención, que bajen sus defensas, y escuchen nuestro mensaje.

Un buen ejercicio es decir estas palabras en voz alta inmediatamente antes de hacer una llamada, "Quiero ayudar a esta persona. Le ofreceré una opción. Entonces, él o ella podrá decidir si esta opción encaja en su vida en este momento."

De este modo, si cometemos un error u olvidamos qué decir, la impresión que dejaremos es que deseamos ayudar.

## ¿Esta es la única fórmula para hacer citas con personas conocidas?

No. Hay muchas maneras de hacer llamadas para citas. Esa fórmula de 5 pasos sólo es una de ellas. Pero esa fórmula nos ayuda a comprender qué es lo que nuestros prospectos quieren saber después.

Si ya leíste nuestros otros libros, sabes que el siguiente guión es otra forma de llamar para obtener citas:

"Estoy perfectamente cómodo con tu decisión de revisar mi negocio o no. Pero me sentía incómodo sin preguntarte si querías dar un vistazo, y que pienses que no me importa."

Este enfoque de cómodo/incómodo hace que todos se sientan bien. Primero, vamos a hablar sobre nosotros. No les estamos pidiendo que se unan o nos compren algo. Dijimos que si mantenemos nuestro negocio en secreto, no nos sentiríamos cómodos. Esto crea una razón para llamarlos. Ahora la llamada tiene sentido para nuestro prospecto. Debido a que estamos ofreciendo la opción de escucharnos o no, no hay oportunidad de que nos rechacen.

En segundo lugar, demos un vistazo al punto de vista de nuestro prospecto. ¿Cómo se sienten? Halagados, por supuesto. Se sienten honrados de que hayamos querido hablar con ellos y no mantenerlo en secreto. De cierta manera, sienten que son parte de nuestro círculo cercano. También, le dimos a nuestro prospecto una excusa perfecta para optar por no escuchar nuestra conversación. No tienen que mentir para deshacerse de nosotros. Podrían decir, "Gracias por pensar en mí. No me interesa por el momento, pero gracias por preocuparte."

Sin embargo, en la mayoría de los casos, querrán escuchar. Su curiosidad es una potente fuerza conductora. ¿Puedes imaginarte cómo sonaría una versión de esto si hablamos con alguien que no conocemos? Imagina que estamos hablando con una persona que no conocemos. Podríamos comenzar nuestra conversación diciendo:

"Respondiste nuestro anuncio y completaste el formulario para recibir más información. Estoy perfectamente cómodo si cambiaste de opinión. Pero quería marcarte de inmediato por que no quería que pensaras que no apreciamos tu solicitud."

Qué manera tan genial de comenzar una llamada telefónica con un desconocido. Esto le quita la presión a ambas partes.

Este enfoque de cómodo/incómodo va al punto inmediatamente. Nuestros prospectos pueden tomar una decisión instantánea si están interesados o no. No perdemos nuestro tiempo, nuestros prospectos no pierden su tiempo, y todos están felices. Sin rechazo, sin resentimientos.

## ¿Seguimos con más?

¡Sí! Esto es divertido.

¿Qué tal si creamos resistencia, miedo, o escepticismo cuando queremos conseguir una cita? Entonces necesitamos algunas frases para calmar la situación. Aquí están dos de nuestras frases favoritas para hacer esto.

Imagina que nuestro prospecto está con resistencia. Podemos decir inmediatamente:

"Tranquilo. No tienes que entrar en acción con nada de esta llamada. Déjame darte la historia corta ahora, y eso te dejará con una opción más para tu futuro." Esto usualmente disuelve el estrés y el miedo.

Aquí hay más maneras de desactivar la tensión en poco tiempo:

- "¿Tiene sentido que cubramos todo aquí en los próximos 60 segundos? Así puedes decidir instantáneamente si ves un beneficio para ti." (La promesa de sólo 60 segundos hace que nuestros prospectos sonrían.)
- "Averigüemos rápidamente si esto es algo para ti."
- "Yo sé que estás ocupado así que seré breve."
- "¿Una plática corta por email tiene más sentido?" (Usemos esta si detectamos una resistencia mayor.)

## Persistencia. Cuando nuestro sueño no es su sueño.

¿Qué no podemos nada más motivarnos y no molestarnos con guiones y empatías? En vez de eso, ¿por qué no podemos depender de la persistencia y el impulso personal?

Aquí está el porqué. Incluso cuando estemos tan motivados que lleguemos levitando hasta alguien, aún así tenemos que decir algo. Los prospectos notan nuestras palabras cuando deciden darnos una cita o no.

Nuestras intenciones no son conducir su vida por ellos, sino agregar una opción. Para algunos, sus planes son firmes. Otros, le dan la bienvenida a mejores opciones. Nosotros queremos estar ahí para los prospectos que buscan mejores opciones ya.

No todos querrán entrar a nuestro negocio, o incluso hacer una cita, no importa qué tan motivados o persistentes seamos. El mundo no gira en torno a nosotros y nuestras necesidades.

Sin embargo, demos un vistazo a lo que ofrecemos. ¿Es algo de buen valor? ¿Puede cambiar la vida de los prospectos? Por supuesto. Y es por eso que se lo ofrecemos a los demás. No necesitamos sentirnos decepcionados cuando no aceptan nuestra propuesta. No es su momento. Y tal vez su momento nunca llegue.

Pero con casi 8 millones de personas en nuestro planeta, habrá bastantes personas en nuestro mercado a las que podemos servir.

## ¿Qué pasa si no sé nada sobre mi prospecto?

Esta es una llamada difícil para sacar una cita. ¿Por qué llamaríamos a un prospecto sin hacer nuestra investigación primero?

Posiblemente nuestra investigación no obtuvo nada. Hacer llamadas en frío como ésta todavía puede funcionar, pero el secreto es hacer que los prospectos hablen de ellos mismos tan pronto como sea posible. Cuando los prospectos están ocupados hablando, contándonos sus historias reprimidas, estamos construyendo algo de afinidad. Pero más importante, escuchamos sugerencias de problemas potenciales que podemos resolver.

Así que hazle a tu prospecto una pregunta que lo enganche. A los seres humanos nos encanta hablar de nosotros mismos.

Cuando aislamos un problema claramente con el que podemos ayudarlos, decimos, "Yo puedo ayudarte con ese problema. Estoy seguro que estás ocupado ahora. Vamos a ver cuándo podemos platicar. ¿Puedes la semana que sigue?"

¿Necesitas algunas preguntas? Aquí hay algunas que conseguirán una respuesta.

- "¿Alguna vez habías pensado sobre trabajar de tiempo completo en casa?"
- "¿Estás interesado en trabajar por tu cuenta, o prefieres tener un jefe?"
- "¿Te gustaría la oportunidad de ganar por tu desempeño personal en lugar de que te paguen por hora?"
- "¿Qué es lo que estás haciendo para conservarte sano?"
- "¿Te has dado cuenta de que envejecer realmente duele?"
- "¿Te gustaría recibir deducciones de impuestos como las empresas grandes?"

Pero sólo estamos comenzando. Usa tu imaginación para tu negocio. A los prospectos les encanta hablar de sí mismos. Es fácil hacer que comiencen.

# HACIENDO LLAMADAS PARA CITAS.

Buzón de voz tras buzón de voz. Finalmente alguien responde, ¿y cómo responden a nuestra llamada? Nos azotan inmediatamente con frases tales como:

"Estoy en el trabajo. Háblame en otro momento."

"Envíame la información. O tu página web."

"¿Eres un vendedor?"

"¡Quítame de tu lista!"

"¡¿Quién te dijo que me llamaras?!"

"No me interesa lo que estés vendiendo, no."

## Expectativas.

Nuestra primera tarea es manejar nuestras expectativas. Nuestra llamada será una interrupción en el día de una persona. Esa es la naturaleza misma de una llamada. No nos sentimos mal acerca de interrumpir el día de alguien si nuestra llamada es corta.

Ahora, ¿qué podemos esperar? Cuando nuestros prospectos reciban la llamada, ¿cuál es el estado actual de sus vidas?

- ¿Estarán ocupados con sus hijos?
- ¿Se estarán preocupando por sus problemas?
- ¿Están aburridos de ver tanta televisión?
- ¿Estaban soñando despiertos?
- ¿Estaban ocupados preparando la comida?
- ¿Es su día perfecto para ingresar a nuestro negocio?
- ¿Es el minuto perfecto para hablar con nosotros y extendernos lo que queramos?
- ¿En ese momento, estaban pensando sobre ese problema que podemos resolver?

Lo más probable es que no. Las posibilidades de que hablemos con alguien en el momento perfecto, el día perfecto, cuando están considerando sus problemas y buscando soluciones, son muy bajas. Esa sería una llamada con muchísima suerte.

Ahora, nosotros entendemos la ley de los promedios. No todos sonreirán todos los días cuando tomen nuestras llamadas. Algunas personas allá afuera de hecho están pasando un mal día. Algunos están demasiado ocupados. Nosotros comprendemos que si hacemos 10 llamadas, sólo unos pocos responderán, y de esos pocos obtendremos sólo una cita o dos. Las expectativas realistas nos mantienen alejados del desánimo. Un poco de empatía, por los días malos y ocupados de los demás, sirve de mucho.

La realidad es que la mayoría de las personas que quieren resolver sus problemas le darán la bienvenida a nuestra llamada, y estarán felices de darnos un momento para hablar. Podemos satisfacer su petición haciendo una cita cuando sea más conveniente para ellos. Esto se llama ser amables.

Esto significa que nuestra llamada debe ser corta. Vamos al punto y nuestros prospectos estarán felices. Recuerda, el propósito de la llamada es hacer la cita, no dar la presentación entera.

Y lo que es más importante, debemos ajustar nuestras expectativas. No todos con los que hablamos pueden estar en el estado mental para afiliarse de inmediato. Las otras personas tienen vidas también.

## Las circunstancias cambian.

¿Nos desanimaremos? sí. Pero si manejamos nuestras expectativas, superaremos nuestros días malos.

Una manera de superar el desánimo es con el principio del "desfile en marcha." Imagina que estamos parados en la acera y un desfile está lentamente marchando frente a nosotros en la calle. Esto significa que un grupo diferente de personas está en frente de nosotros cada 30 segundos. Esto es como prospectar. Nuevas personas se convierten en prospectos todos los días.

¿Buscas personas nuevas para unirse a tu oportunidad? Cada año, millones de personas cumplen 18. Este es un grupo de personas totalmente nuevo con quienes podemos ofrecer nuestra oportunidad de negocio. Cada año tenemos un nuevo grupo.

¿Y qué ocurre dentro de un grupo? Las personas tienen cambios en sus circunstancias todos los días. Algunos tienen nuevos empleos, algunos los pierden. Algunos se casan. Otros buscan un cambio de profesión. Podríamos conversar con alguien que no está listo para comprar o ingresar hoy, pero el mes siguiente podría tener un panorama del futuro.

Así que si los prospectos dicen "no" el día de hoy, eso no significa que es un "no" para siempre. ¿Y si no tienen interés ahora mismo? Un nuevo grupo de personas está caminando justo detrás de ellos en el desfile. ¡Los prospectos están en todas partes!

## ¿Quieres mejores oportunidades de conseguir citas?

La mayoría de los prospectos tienen el día de hoy planeado. ¿Mañana? No tanto. ¿La próxima semana? Están en blanco.

Si les pedimos una cita hoy o mañana, nuestros prospectos generalmente tendrán que mover algo que es importante para ellos. Entre más en el futuro empujemos nuestra cita, menos compromisos importantes tendrán en su agenda.

Por supuesto, lo malo en esto es que nuestros prospectos se olvidan de nuestra cita si está muy lejos en el futuro.

Pero una buena regla para recordar es: "Entre más empujemos nuestra cita en el futuro, menos resistencia tendremos."

# ¿QUÉ PUEDO DECIR CUANDO DEJO UN BUZÓN DE VOZ?

Primero, algunos ejemplos rápidos de mensajes que podemos dejar.

- "Bueno, parece que no es buen momento para platicar. Vamos a probar el próximo jueves a las 6pm. Avísame si no te funciona con tus compromisos."
- "Te prometí que te llamaría. No quiero que pienses que se me olvidó y te abandoné. Obviamente estás ocupado ahora, así que puedo llamarte mañana a la misma hora."
- "Te perdí. Te mandaré una copia de lo que le pasó al Sr. Jones. Él tuvo el mismo problema que tú y lo solucionó. Te llamaré mañana después de que tengas oportunidad de leerlo."
- "Hey, ¿me recuerdas? Prometí llamarte cuando nos conocimos en el desayuno de negocios. Espero hablar contigo pronto."

Bueno, ahora tenemos algunos mensajes que podemos dejar para que no nos atrapen por sorpresa diciendo, "Eh, eh… Bueno… Ehhh. Veo que no estás en casa y, eh, eh… Quería saber… no, espera… ehhh…"

Pero lo podemos hacer aún mejor que esto.

Preguntémonos, "¿Por qué las personas no nos llaman de regreso?"

Y las respuesta es, ¡por que no quieren hablar con nosotros!

Tal vez no es la respuesta que queremos escuchar, pero a veces la realidad es muy cruda.

A nadie le gusta hablar para escuchar una presentación de ventas. Nadie se ofrece como voluntario para perder su tiempo en algo sin conocer los beneficios.

Debemos de darle a los prospectos una razón para llamarnos. Entre mejor sea la razón, mejores serán nuestras probabilidades de conseguir una cita para hablar con ellos de más detalles.

Como sabemos, nuestras mentes ocupadas tienen cientos o miles de decisiones esperando su turno. Algo debe de mostrar un beneficio rápido y claro para que le demos prioridad ahora. Así que en lugar de ser como los vendedores que dan largas, nosotros entregamos lo que decimos. ¿Quieres algunas ideas?

- "Estoy comenzando mi propio negocio y quiero hacerlo contigo."
- "Estoy decidido a vivir más tiempo, y quiero que me acompañes."
- "Decidí finalmente hacer algo respecto a mis arrugas, y pensé que a ti también te gustaría hacer algo."
- "Me gustó trabajar desde casa los últimos tres meses. Ahora quiero hacerlo permanentemente. ¿Qué hay de ti?"

O podríamos comenzar la conversación con un beneficio inmediatamente. Aquí hay algunos ejemplos:

- "Te marco para ver si puedo ayudarte a recolectar fondos para tu organización. Toda organización sin fines de lucro necesita ayuda."
- "Te marco para ver si te gustaría agregar algunos beneficios laborales para tu fuerza de trabajo. Estos beneficios para empleados no te costarán nada." Es más fácil obtener un compromiso cuando algo es gratis.
- "Estamos en la misma clase de aerobics. ¿Te gustaría saber cómo hacer que el ejercicio quema-grasa funcione por más tiempo, incluso días después de la clase?"
- "No creo que vayamos a conservar nuestros empleos construyendo cabinas telefónicas por mucho tiempo más. ¿Te gustaría darle un vistazo a otra opción de carrera conmigo?"
- "Tu amigo John dijo que eres como yo, siempre en busca de una manera de salir adelante. ¿Te gustaría saber cómo lo estoy haciendo?"
- "Sé que estás ocupado ahora, pero, ¿cuándo puedes apartar 12 minutos para bajar el precio de tu factura de electricidad y de gas?
- "Ya estás ocupado con tu familia y tu trabajo de tiempo completo. ¿Cuándo puedes hablar por 10 minutos para que pueda ayudarte a conseguir más tiempo libre?

Una o dos frases. Directo al punto. Y nuestros prospectos pueden tomar decisiones instantáneas de sus mensajes de buzón de voz. Tenemos que ponernos al frente de la fila de decisiones dentro de sus mentes.

Lo primero que deberíamos de hacer para que nuestros breves mensajes sean aún mejores y hacerlos más... cortos. Siente la diferencia en tu mente entre las frases largas y las cortas.

**Larga:** "Este libro puede mostrarte cómo superar tu miedo a conseguir citas, cómo reajustar nuestra mente, cómo enfocarnos en los problemas de nuestros prospectos, con frases fáciles de aprender..."

**Corta:** "70 años de consejos para conseguir citas en un corto libro."

**Larga:** "Con las nuevas leyes y regulaciones aprobadas, nuestra compañía ha asegurado contratos de descuentos con los mayores proveedores, y pueden pasarte una cantidad significativa de ahorros."

**Corta:** "Podemos hacer que tus facturas de servicios básicos sean más baratas en unos 15 minutos."

**Larga:** "¿Mantienes abiertas tus opciones para ganar dinero? Esta es una grandiosa manera de diversificar tus ingresos mientras construyes un ingreso residual a largo plazo, sin arriesgar tu trabajo actual."

**Corta:** "¿Te podría servir un cheque extra cada semana empezando el próximo viernes?"

¿Notamos algunas frases faltantes? No usamos palabras o frases tales como:

- "Vernos y charlar." (¿Quién tiene tiempo para platicar sin sentido con un vendedor?)

- "Sólo revisando contigo." (Esto no suena muy importante en absoluto.)
- "Estaré en tu área la próxima semana y me preguntaba si…" (Oh cielos. Esto no suena urgente ni importante. Déjame regresar a mis decisiones.)

¿Podemos notar la diferencia? Cuando vemos las cosas desde el punto de vista de nuestros prospectos, todo se hace claro. Debemos de mencionar el beneficio inmediatamente. Aquí hay algunos breves ejemplos más de qué podríamos decir para obtener acción de nuestros prospectos.

- "Ya sé que sigues trabajando de noche pero, te gustaría cambiar de carrera para que no tengas que dormir cuando hay luz de día?"
- "Tengo curiosidad. ¿Te gustaría ganar un cheque extra cada mes para poder ayudar con las colegiaturas?"
- "Estoy recuperando mi memoria. ¿Te platico cómo lo estoy haciendo?"
- "Me cansé de que los nietos se burlen de mis arrugas. Quiero contarte mi plan."
- "Recibí el sobre con la colegiatura de mi hijo hoy, pero esta vez no estoy preocupado. Tu y yo tenemos que hablar."
- "¿Todavía recibes una factura de electricidad cada mes? Quiero contarte lo que estoy haciendo."
- "Acabo de terminar de reducir mi factura del gas. Me acordé de ti. ¿Cuándo podemos hablar?"
- "¿Quieres más prestaciones para que tus empleados estén contentos? Especialmente si no tienes que pagarlos de tu bolsa?"

- "Tengo curiosidad. ¿Te gustaría quedarte a trabajar desde casa permanentemente?"
- "¿Sigues haciendo dietas? Tienes que probar esto. ¿Cuándo puedes hablar?"
- "¿Sigues yendo a la cafetería a gastar dinero todas las mañanas? Llámame. Tengo algo algo mejor."

¿Notas la tendencia?

Todo lo que deberíamos de hacer es pensar, "En resumen, ¿qué gana mi prospecto?" Luego, se los decimos de inmediato. Ellos tomarán una decisión en un segundo si esto es bueno para ellos o no.

# EL PROPÓSITO DE UNA LLAMADA ES CONSEGUIR UNA CITA.

**Nosotros:** "Hola. ¿Me comprarías algo rápido? No quiero tener que darte toda mi presentación de ventas."

Está bien, nosotros nunca haríamos esto, pero somos egoístas e impacientes. ¿Queremos hacer la venta completa de inmediato? ¡Todas las veces!

Nuestros prospectos no conocen nuestras compañías tan bien como nosotros. Necesitan tiempo. Evitemos el gran error de tratar de cerrar la venta en nuestra llamada inicial, en lugar de conseguir una cita.

Los agentes de bienes raíces profesionales tienen una estrategia. Cuando publican un anuncio de una casa en venta, no tratan de vender la casa. En lugar de eso, tratan de venderle a las personas la idea de hacer una llamada. El enfoque está en conseguir la llamada.

¿Cómo hacen esto?

Nos muestran una fotografía de la casa. Debajo de la casa ellos dan los detalles. Pero, no dan todos los detalles. Siempre dejan afuera un gran detalle que las personas tienen que llamar para conocer. Para la mayoría de los compradores en Estados Unidos, hay tres grandes factores cuando están buscando casa.

- ¿Cuánto dinero cuesta esta casa?
- ¿Cuántas habitaciones tiene?
- ¿Dónde está ubicada?

Esas tres preguntas filtran las miles de casas que se anuncian.

Los agentes deciden poner dos de estos tres factores en el anuncio. Si los primeros dos factores son interesantes, el comprador interesado hará la llamada para conocer el tercer factor. Ahora, el agente tiene un prospecto con quién hablar.

No cometen el error de tratar de cerrar la venta en el anuncio. No hay muchas posibilidades de lograrlo de todas formas. Ellos se enfocan en una oportunidad de hablar más.

Es lo mismo con nosotros. El propósito de nuestra llamada es conseguir la oportunidad de hablar más. Los amateurs tratan de hacer toda la venta en la primera llamada. Los profesionales acuerdan una hora donde puedan llamar tranquilos, con menos estrés y en un mejor nivel de comunicación.

# ¿PUEDO CONSEGUIR CITAS POR MENSAJE DE TEXTO?

¡Sí!

Muchas personas se esconden detrás de su teléfono para evitar a los vendedores. ¿Por qué hacen esto? Debido a que sólo tienen 24 horas en un día. Si pasan su día entero escuchando vendedores, no tendrían tiempo ni para respirar.

Además, tienen miedo de que los vendedores los convenzan de hacer algo que no quieren hacer. La mejor manera de evitar esto es no hablando con ningún vendedor. Por eso limitan sus comunicaciones a mensajes de texto y correos electrónicos. Y si eso no ayuda a mantener a raya a los vendedores, mentirán. Dirán cosas como, "No recibí tu mensaje. No escuché el teléfono. Tu correo se fue directo a la bandeja de 'no deseados.' No he podido revisar mis mensajes en días. Mi teléfono se descompuso. Alguien hackeó mi cuenta."

Las personas tienen miedo por buenas razones. ¿El punto malo de este miedo? Evitan oportunidades para mejorar sus vidas.

¿Nuestra solución? Enviar un mensaje que los obligue a contestar.

## Mensajes de texto para hacer citas.

Si no lo notamos anteriormente, los mensajes cortos para el buzón de voz son perfectos para usar como mensajes de texto.

¿Por qué le escribimos a los prospectos cuando podemos llamarlos directamente? Para algunos prospectos, un texto es apropiado. Así es como algunos prospectos esperan que nos comuniquemos con ellos.

Enviar un mensaje de texto es fácil. Muchos serán ignorados. No es un rechazo personal. Entendemos la señal. Otros textos recibirán una respuesta de "Por favor cuéntame más." Esa es una buena señal. Podemos escribir de vuelta, "Vamos a hablar. ¿Qué hora es buena?" Listo.

## El problema con enviar mensajes de texto para hacer citas.

Escribimos de ida y vuelta con la esperanza de que comprendan nuestros mensajes. Algunas ocasiones no entenderán nuestro mensaje o intenciones. Para evitar esto, queremos hablar con los prospectos por teléfono o en una videollamada.

¿Por qué? Por que los mensajes de texto se pueden malinterpretar fácilmente. Los mensajes de texto son un nivel de comunicación muy bajo. Los prospectos no escuchan nuestro tono de voz. No pueden ver nuestras expresiones faciales. No pueden leer nuestro lenguaje corporal. ¡No pueden ni ver si estamos sonriendo!

Aquí está un ejemplo de cómo los prospectos malinterpretan lo que decimos.

**Nosotros:** "Esto es muy simple. Tú puedes hacerlo."

¿Cómo podrían interpretar esto nuestros prospectos?

- ¿Piensas que soy un tonto?
- ¿No sabes que no tengo tiempo para hacer esto?
- Espera, si esto es tan simple... ¿para qué me necesitas?
- ¿Qué necesito hacer? Suena como que hay truco.

Una mejor estrategia es usar los mensajes de texto para conseguir una cita para hablar por teléfono. Por lo menos, hablar por teléfono nos dará un mejor nivel de comunicación, con menos malentendidos. Aquí hay un ejemplo

**Nosotros:** "¿Puedo llamarte ahora? Sólo tomará 3 minutos."

¿Las presentaciones toman más de tres minutos? A veces. Si toma más, debería de ser por que nos hacen preguntas y piden que continuemos. Ahora es su decisión. Ellos son los que están haciendo preguntas y enganchados con la presentación. Nadie quiere un sermón aburrido.

Aquí hay algunos ejemplos más de textos o mensajes rápidos.

**Nosotros:** "Vamos a platicar en videollamada con un café."

Los prospectos pueden estar a una cuadra, a una milla, o incluso a un país de distancia. Pueden fácilmente saltar a una videollamada con nosotros. ¿Por qué el café? Los prospectos se sienten más cómodos cuando tienen una bebida en la mano o algo que los haga sentirse sociales. Podemos elegir la bebida que sea mejor para nuestro grupo demográfico. Muchos de nuestros parientes preferirían una cerveza.

**Nosotros:** "Ve por una taza de café. Vamos a ver si esto encaja contigo. Te marco en 5 minutos para que puedas preparar tu taza."

"Si esto encaja contigo" no suena intimidante. No hay presión. Y su curiosidad podría decir, "Sí. Quiero saber cómo funciona eso."

**Nosotros:** "Ya sé que estás ocupado. Sólo nos tomará 7 minutos ver si esto te funciona o no. Así nunca más tendrás que pensar en ello de nuevo."

**Nosotros:** "No te preocupes por apartar mucho tiempo. Podemos platicar de esto de inmediato y terminar en 4 minutos."

**Nosotros:** "Estás muy ocupado. No quiero hacer que pierdas tu tiempo, así que vamos a sentarnos 3 minutos para que puedas decidir."

## ¿Qué más podríamos decir en un mensaje?

A Keith le gusta usar preguntas retóricas. Estas preguntas usualmente consiguen una respuesta positiva. Para comenzar su mensaje, él usa "Tengo curiosidad." Esta frase suaviza el enfoque, y hace que los prospectos se sientan más cómodos.

Después, él usa un cierre de decisión instantánea. Él dice, "¿Estaría bien si…?" Estas tres palabras normalmente obtienen una respuesta de "sí" en la mente de nuestros prospectos.

Después, él inserta un gran beneficio con el que puede ayudar al prospecto.

Vamos a poner estos tres pasos juntos y hacer algunos mensajes interesantes que consiguen más respuestas.

- Tengo curiosidad. ¿Estaría bien si tuvieras una opción fácil para trabajar cuatro días por semana en lugar de cinco?
- Tengo curiosidad. ¿Estaría bien si tuvieras un cheque extra cada mes?
- Tengo curiosidad. Tú que tomas café, ¿estaría bien si tu café te ayudara a perder peso?
- Tengo curiosidad. ¿Estaría bien si pudieras trabajar desde tu casa en lugar de conducir hasta tu trabajo?
- Tengo curiosidad. ¿Estaría bien si pudieras perder peso solamente cambiando lo que comes en el desayuno?
- Tengo curiosidad, ¿sabes cómo proteger tu nombre y tus cuentas del robo de identidad? ¿Estaría bien si pudieras protegerte fácilmente?
- Tengo curiosidad. ¿Estaría bien si pudieras hacer tu piel más suave mientras duermes?
- Tengo curiosidad, ¿sigues con la dieta? ¿Estaría bien si probaras algo que te adelgace más rápido?
- Tengo curiosidad, ¿ya te diste cuenta de que envejecer realmente duele? ¿Estaría bien si pudieras envejecer más lento?
- Tengo curiosidad. ¿Estaría bien si pudieras entrar en forma sin ir al gimnasio?
- Tengo curiosidad. ¿Estaría bien si tuvieras una opción de una carrera que te pague mejor?

Ahora, colocamos nuestro mensaje entero en un solo texto. Pero hay otra manera. Podríamos hablar más sobre el problema primero, y luego responder con "¿Estaría bien si...?" Observa esto:

**Nosotros:** "Tengo curiosidad, ¿te duele el cuerpo después de tu rutina de ejercicio?"

**Prospecto:** "Sí."

**Nosotros:** "¿Estaría bien si encontraras algo para solucionarlo?"

◇◇◇

**Nosotros:** "Tengo curiosidad, ¿todavía estás harta de tu empleo?"

**Prospecto:** "Sí."

**Nosotros:** "¿Estaría bien si te muestro una opción mañana?"

◇◇◇

**Nosotros:** "Tengo curiosidad, ¿te gustaría aumentar tu pensión con un cheque extra?"

**Prospecto:** "Claro que sí."

**Nosotros:** "¿Estaría bien si te muestro cómo lo estoy haciendo yo?"

◇◇◇

**Nosotros:** "Tengo curiosidad, ¿alguna vez te han dado una multa en tu coche?"

**Prospecto:** "Sí, demasiadas."

**Nosotros:** "¿Estaría bien si te enseño una opción fácil para reducirlas o eliminarlas completamente?"

◇◇◇

**Nosotros:** "Tengo curiosidad, ¿todavía pagas facturas por electricidad cada mes?"

**Prospecto:** "Por supuesto, ya saben dónde vivo."

**Nosotros:** "¿Estaría bien si las tarifas fueran más bajas?"

◇◇◇

**Nosotros:** "Tengo curiosidad, ¿es difícil que te den un aumento en el trabajo?"

**Prospecto:** "¿Aumento? ¡Tengo suerte de tener trabajo!"

**Nosotros:** "¿Estaría bien si te muestro cómo puedes ganar más?"

◇◇◇

**Nosotros:** "Tengo curiosidad, ¿a veces te sientes cansado después de la comida?"

**Prospecto:** "¿Cansado? Sigo exhausto incluso después de la siesta."

**Nosotros:** "¿Estaría bien si pudieras solucionar eso?"

◇◇◇

Este patrón es muy natural y sencillo. Los prospectos pueden responder "sí" o "no" desde la seguridad de sus teléfonos o computadoras. Además, si quieren resolver su problema, nos lo dirán. Ahora nos sentimos mejor al conseguir la cita. Queremos ayudarlos.

Vamos a hacer algunos más para que fluya nuestra creatividad.

**Nosotros:** "Tengo curiosidad, ¿alguna vez te sientes estresada?"

**Prospecto:** "Vivo con el estrés. ¡Se llama 'mi esposo!'"

**Nosotros:** "¿Estaría bien si pudieras deshacerte del estrés sin deshacerte de tu esposo?"

◇◇◇

**Nosotros:** "Tengo curiosidad, ¿planeas mandar a tus hijos a la universidad?"

**Prospecto:** "Sí. Estoy vendiendo mi sangre cada tres semanas para ahorrar."

**Nosotros:** "¿Estaría bien si te muestro otra manera de pagar por su educación universitaria?"

◇◇◇

**Nosotros:** "Tengo curiosidad, ¿todavía planeas llevar a la familia a Disney el año siguiente?"

**Prospecto:** "Sí. Los niños ya se cansaron de sólo ver los folletos."

**Nosotros:** "¿Estaría bien si te enseño cómo puedes conseguir tu viaje con descuento?"

◇◇◇

**Nosotros:** "Tengo curiosidad, ¿hay muchos chicos enfermos en tu escuela?"

**Prospecto:** "Sí. Nuestra escuela es un caldo de cultivo para todo virus y bacteria del mundo."

**Nosotros:** "¿Estaría bien si te muestro cómo puedes ayudar a los chicos a desarrollar un sistema inmune más fuerte?

◇◇◇

**Nosotros:** "Tengo curiosidad, ¿tu madre todavía tiene arrugas?"

**Prospecto:** "Sí. Son tan profundas que podría guardar comida."

**Nosotros:** "¿Estaría bien si le enseño cómo puede reducir sus arrugas?"

◇◇◇

**Nosotros:** "Tengo curiosidad, ¿te cuesta trabajo recordar cosas mientras envejecemos?"

**Prospecto:** "Todo el tiempo."

**Nosotros:** "¿Estaría bien si te muestro cómo podemos hacer que nuestro cerebro esté más sano?"

◇◇◇

**Nosotros:** "Tengo curiosidad, ¿te interesa trabajar por tu cuenta, o prefieres tener un jefe?"

**Prospecto:** "¡Prefiero trabajar por mi cuenta! Mi jefe es un vampiro chupa-sueños que mastica mi cerebro todos los días, ¡me quiere convertir en zombie!"

**Nosotros:** "¿Estaría bien si tú y yo platicamos de una mejor opción?"

Deberíamos de tener este patrón en nuestro cerebro para este punto.

¿Qué podemos responder después? Podría ser tan fácil como, "Vamos a hablar."

La parte difícil se acabó.

Recuerda, lo que vendemos es la cita, no nuestro producto, servicio o negocio. Deberíamos ser muy breves.

# CONVIERTE TUS CITAS DEL FUTURO EN CITAS INSTANTÁNEAS.

Nos sucede a todos. Nuestro prospecto dice, "Oh, sí. ¡Sería genial!"

Luego cuando la cita llega, el prospecto se evapora. Algo surge. Sus compromisos aumentan. No quiere hablar ahora. No está emocionado por vernos.

Si sentimos que la emoción es alta, en lugar de fijar una cita en el futuro, vamos a intentar hablar con ellos ahora mismo.

1. Intenta con una conversación primero. Luego intenta la cita en mensajes posteriores.

2. Los mensajes de texto son un nivel de comunicación muy bajo. Eliminan al mensajero de la conversación. Trabajemos para mover la conversación a un nivel más alto como una llamada telefónica, una videollamada, o una reunión en persona.

3. Al comprender a los prospectos, podemos crear curiosidad, y luego nuestros prospectos nos pedirán más información.

4. Trabaja hacia una cita, no hacia una venta. Guárdate tus materiales de negocio por lo pronto.

Antes de que comencemos, pensemos en las relaciones de pareja. Queremos usar la misma cortesía que tendríamos si estuviésemos queriendo salir con alguien. ¿Un ejemplo?

Recibí un correo electrónico. Este desconocido esperaba que yo fuera un grandioso prospecto para su negocio. Su correo en frío contenía... ¡de todo! Cada detalle. Esto es como contarle a todos nuestra historia de vida en la primera cita. Por lo menos un correo es más fácil de leer que un mensaje de texto. Los mensajes largos no sirven. Vamos a ahorrar el esfuerzo para algo importante.

¿Enviar en nuestro primer mensaje un enlace para que el prospecto se afilie por su cuenta? Presuntuoso, y por supuesto, nada efectivo.

¿Qué hay sobre enviar un enlace a un video o una página web? ¿Haríamos eso si quisiéramos salir con alguien? No lo creo. Imagina un patrocinador potencial diciendo, "Eres un número, sólo otro prospecto más en mi agenda. Pensé en platicar contigo como seres humanos, pero no pienso que valgas la pena. Quiero que inviertas tu tiempo personal mirando este comercial de mi compañía. Si te interesa algo más, dímelo. Tal vez así pensaré que eres lo suficientemente valioso para comunicarme contigo."

## Entonces, ¿qué puedo hacer para convertir este encuentro en una cita instantánea?

- Vamos a tomar un *break* de 5 minutos en el comedor. (Escenario de oficina.)

- Quiero que me des tus pensamientos sobre una idea. ¿Te puedo marcar en un minuto?
- Ahora es buen momento para platicar rápidamente. ¿Qué hay de ti?
- Vamos a ahorrarnos tiempo. ¿Tienes 5 minutos para hablar?
- ¿Es ahora el mejor momento para llamar?
- Hay que platicar ahora.

Muchos prospectos encontrarán que esto es menos doloroso que postergar este dolor para después. Todo lo que debemos hacer es preguntar.

# ¡NO ES LA LISTA!

Podrías haber escuchado de los "CRM," en español, Administrador de Relaciones con el Cliente.

Una compañía de redes introduce su nuevo sistema de Administración de Relaciones con Clientes para prospectar. Ahora los distribuidores pueden ingresar a sus interesados dentro de este programa de alta tecnología. Después de algo de entrenamiento, el distribuidor puede clasificar a su gente, organizarlos, crear alarmas para hacer seguimiento con ciertas personas, acomodar su lista por ubicación geográfica y realizar pequeñas notas sobre sus prospectos.

¡Pero se pone mejor! Pueden enviar mensajes automáticos, imprimir reportes, y tener una lista de Excel preparada cada mañana con los nombres a contactar ese día. El programa realiza un trabajo asombroso y con más entrenamiento, pareciera casi como un milagro. El equipo pasa días admirando los logros de la tecnología. Y cada hora que pasan usando el programa se siente como si estuviesen construyendo su impero.

Y entonces, alguien le pregunta al distribuidor, "Y cuando hablas con tus prospectos, ¿qué dices?"

Silencio total.

Finalmente, el distribuidor murmura, "Eh, eh, supongo que, improviso más o menos, o sea, ¿depende de lo que el prospecto me diga en el momento?"

Auch.

Todos estos ingresos de datos, acomodos, clasificaciones, reportes… nada de esto importa para nuestros prospectos. Nada de esto importa para nuestros resultados.

Cuando contactamos a nuestros prospectos, no les importa si pasamos horas o días jugando con nuestra computadora y nuestros CRMs. A ellos les importa lo que decimos y hacemos.

Toma esta prueba.

Escribe exactamente, palabra por palabra, la primera frase que dices cuando hablas por teléfono con prospectos. (Si ya estás pensando en excusas para no hacer esto, estás en serios problemas.)

La mayoría de los distribuidores son incapaces de tomar esta prueba.

Pero se pone aún peor…

Escribe exactamente, palabra por palabra, tu segunda frase. Ahora, la mayoría de los distribuidores querrán cambiar el tema y hablar de algo más. Esto no es cómodo. Oímos excusas tales como, "Pues depende. Todos son diferentes. Siempre digo algo nuevo. Me lo invento sobre la marcha y le arreglo. Depende, si los conozco o no, o… si dicen… mmm…"

Y ahora… ¿que hay de tu frase #3? ¡¡¡Auch!!!

Intenta esto con los miembros de tu equipo, "En una hoja de papel, ahora mismo, escribe las primeras 5 frases que le dirás a tus prospectos cuando les llames."

Y espera. Y espera. Y espera...

Ignora las excusas. Deja que el miembro de tu equipo escriba o transpire. Sí, esto es incómodo. Pero si esto es incómodo ahora sin la presión del prospecto que espera en el otro lado del teléfono, piensa en cuánta más presión sentiremos cuando nuestro prospecto esté esperando que hablemos.

¿Qué resultados deberíamos de esperar? En el mejor de los casos, quizá una o dos frases. En ese punto, sabemos que es momento de comenzar a aprender exactamente qué decir y qué hacer.

¿Hay algo malo al desperdiciar horas con programas que nos ayudan a organizar contactos que no sabemos cómo contactar? ¡No!

Pero se nos olvida la imagen completa. Hablar con prospectos eficientemente no tiene nada que ver con software. Lo que hace la diferencia es cómo nos conectamos y nos comunicamos con los prospectos. Redes de mercadeo es un negocio de relaciones. Nunca deberíamos de olvidar eso.

## ¿Debería de comprar listas de prospectos y llamarlos para conseguir citas?

Mike Miller y yo estábamos cenando, y nuestra conversación giró en torno a comprar prospectos, embudos y marketing de atracción en internet. Ahora, Mike usa estas herramientas eficientemente debido a que cuando obtiene un prospecto, él sabe **exactamente qué decir.**

Me preguntó qué pensaba sobre el tema. ¿Mi respuesta?

Le digo a los distribuidores que nunca compren prospectos hasta que puedan responder mis preguntas.

Estas son preguntas que uso para revisar si están listos para hablar con prospectos en frío. Si no saben las respuestas, no están listos. Simplemente arruinarán a los prospectos y desperdiciarán su tiempo y dinero. Les pregunto:

- "¿Cuáles son tus primeras tres frases, palabra por palabra?"
- "Si tu prospecto es escéptico, ¿tienes por lo menos cinco micro-frases que puedes usar para construir afinidad instantánea?"
- "Si tu prospecto no te cree lo que dices, qué frase usas para que te crea?"
- "¿Qué frases usarás para ordenarle al cerebro de tu prospecto que te presta atención?"
- "¿Cuál es tu mejor cierre, palabra por palabra?"
- "¿Cuál es tu mejor cierre de una oración?"
- "Si tu prospecto quiere pensarlo de nuevo, ¿cuál es tu siguiente frase?"
- "Si tu prospecto pide más información, ¿cuáles son tus siguientes dos frases?"
- "Si tu prospecto pide que le des una página web, ¿exactamente qué es lo que le dirás a continuación?"
- "Cuando tu prospecto quiere hablar de sus dramas personales, ¿qué le dirás?"

Ahora, si el nuevo distribuidor no puede siquiera responder estas preguntas tan básicas, ¿por qué este nuevo distribuidor querría hablar con prospectos fríos?

Los nuevos distribuidores no deberían de estar buscando más prospectos para arruinar.

Los nuevos distribuidores deberían de estar aprendiendo **qué decir** primero.

Piensa en qué tanta confianza tendríamos si pudiésemos responder claramente a las preguntas anteriores. Cuando tenemos confianza, los prospectos lo notan.

# "AÚN ASÍ NO ME ATREVO A LLAMAR PARA HACER CITAS."

Si somos demasiado tímidos para hacer llamadas para citas, no deberíamos de renunciar a nuestras carreras en redes. ¿Por qué no dejar que otras personas nos llamen? Aquí está un ejemplo de aprender y aplicar la habilidad de hacer que otros nos llamen.

Una joven amaba a su perro. Bastante. Hay millones de amantes de los perros tal como ella. Sin embargo, hay algo de su perro que no le gusta: levantar los excrementos en el patio trasero. Los dueños de perros saben que después de algunos días, la popó se acumula y alguien tiene que levantar eso. Los perros no lo hacen.

La chica pensó, "Me pregunto si otros amantes de los perros tienen estos mismos sentimientos encontrados con sus perros y la popó que se acumula en el jardín." De esta idea, nació un negocio.

La joven decidió comenzar un negocio local "levantando excrementos."

Algunos retos:

**Primero,** no todos la contratarían. Podrían ahorrar dinero levantando ellos mismos los excrementos en el jardín.

**Segundo,** ¿en dónde podría encontrar otros dueños de perros que deseen pagarle a alguien más por hacer este apestoso trabajo?

**Tercero,** esos son muchos excrementos que recolectar. Tendría que pagarle a alguien para hacer todo ese trabajo sucio. Eso le costaría dinero. Tendría que conseguir muchísimos clientes.

**Cuarto,** ¿cómo podría correr la voz sobre su nuevo servicio y llegar a los dueños de perros que serían buenos prospectos?

Hablemos sobre el **primer problema.** Sí, muchas personas quieren ahorrar dinero y levantar los excrementos de su perro. Ese grupo no es su mercado. Tratar de conseguir citas, duras presentaciones de venta, seguimientos, educar a este grupo es bastante caro y toma mucho tiempo.

¿El segundo problema? Fácil de resolver. Encuentra dueños de perros con dinero. Ella tiene que hacer llegar su servicio en frente de los dueños que llevan a su perro a la veterinaria, por ejemplo. Los veterinarios cobran mucho dinero. Los dueños de estos perros podrían pagar su servicio.

¿El tercer problema? Si tuviese muchos clientes, ella podría contratar o sub-contratar a alguien más para que levante los excrementos por ella. Es correcto. Ella podría mirar televisión mientras alguien más hace la recolección de todos esos excrementos. Este problema se resuelve por sí mismo con suficientes clientes.

¿Cuarto problema? ¿Cómo podría ponerse en frente de los clientes de los veterinarios? Bueno, se vería de mal gusto parada frente al consultorio del veterinario. Además de que le quitaría mucho tiempo. En lugar de eso, ella podría dejar sus tarjetas de presentación y panfletos en cada consultorio veterinario local. Su servicio no interfiere con el del veterinario de ninguna manera. Además, es un buen servicio complementario que varios clientes podrían aceptar.

Pero, ¿cómo conseguir una cita con el veterinario? No hace falta. Todo lo que necesita hacer es hablar con la recepcionista o el asistente del veterinario. Dejar una caja de tarjetas de presentación o folletos. Y para animar al asistente a dar más recomendaciones, llevar una caja de rosquillas junto con la caja de tarjetas seguramente ayudaría bastante.

Ahora, esta chica podría sentarse y esperar que su teléfono suene con prospectos listos para pagar. Podría se fácil conseguir citas.

¿La lección?

Si tenemos algo de valor, o si resolvemos un problema, las personas vendrán con nosotros por una solución. Sin resistencia. Sin escepticismo. Solamente clientes listos que quieren hablar con nosotros.

Si las personas no llegan lo suficientemente rápido, podemos meter el turbo a nuestro flujo. ¿Cómo?

Recuerda a la chica del negocio de recolección de excremento. Ella le dio una caja de rosquillas y de tarjetas a la recepcionista. Pero pudo haber hecho más. Pudo haber invitado a la recepcionista a comer. Podrían haber hablado sobre cuántos dueños de perros apreciarían un servicio como el suyo. Tal vez los dueños le agradezcan a la recepcionista por recordarlos y ofrecerles el servicio. Ahora la recepcionista puede proveer servicio extra para los visitantes de la clínica.

Aquí hay algunos ejemplos de referencias que nos ayudarán a pensar en qué podemos hacer para nuestro negocio.

- El experto en recolectar cupones de descuento puede referir amigos con un asesor financiero.
- El instructor de aerobics puede referir alumnos con el distribuidor de suplementos alimenticios.
- Los instaladores de aires acondicionados pueden referir algunos clientes con el distribuidor de servicios públicos.
- El director de la escuela puede referir padres con el distribuidor de viajes con descuento.
- El vendedor de sandalias naturales puede referir clientes con el distribuidor de productos naturales para limpieza.
- Los contadores públicos pueden referir clientes que quieren un negocio de medio tiempo y opciones para deducciones de impuestos.
- El vendedor de coches puede referir personas que necesitan más ingresos para calificar para el crédito del coche de sus sueños.

Así que hagámonos esta pregunta:

# "¿Cuál es el gran problema que podemos resolver?"

Si el problema es lo suficientemente grande, nuestros mejores prospectos vendrán con nosotros. Aquí hay algunos ejemplos de problemas que las personas podrían tener.

- Cuotas carísimas de servicios públicos.
- No poder pagar unas vacaciones familiares.
- Cansancio de sentir cansancio.
- Odiar ver las arrugas en su rostro.
- Hartos con su vida actual.
- Trayectos largos para ir a trabajar.
- Quieren más oportunidades en sus vidas.
- Encontrar que morir pronto no es conveniente.

Quieren solucionar estos problemas. Buscan soluciones, y esos somos nosotros.

# ¿HAY ALGUNA MANERA MÁS FÁCIL DE CONSEGUIR QUE CLIENTES PRE-CALIFICADOS VENGAN CON NOSOTROS?

¿Qué tal si hacer llamadas para conseguir citas se siente algo completamente fuera de nuestra zona de confort? Sí. Vamos a continuar nuestras idea del capítulo pasado.

¿Nos gustaría tener prospectos buscándonos cada semana, o cada día, queriendo hablar con nosotros? Por supuesto que esto no ocurrirá de la noche a la mañana, pero podemos crear un flujo constante de prospectos que nos estén buscando.

Lo primero que necesitaremos es un libro, un audio, un video, o algún tipo de herramienta educacional que darle al prospecto. ¿Qué podría ser esta herramienta?

Esta herramienta no es para explicar o vender el negocio. En lugar de eso, queremos que nuestra herramienta obligue al prospecto a contactarnos. Tal vez nuestra herramienta los educa acerca de cierto beneficio de nuestros productos. Si nuestro servicio les ahorra dinero, la herramienta podría motivarlos para expandir sus metas financieras. Si nuestra herramienta habla acerca de un cambio de carrera, ahora tenemos prospectos para nuestra oportunidad de negocio.

Las buenas noticias son que con suficientes herramientas allá afuera, podemos tener un flujo constante de personas contactándonos.

Algo bueno de una herramienta genérica es que no activará las alarmas contra vendedores de los prospectos fríos. Si es una herramienta de la compañía, o promociona nuestro producto o servicio, entonces será percibida como un folleto, como una herramienta publicitaria. Esto aumenta el escepticismo. Nadie se emociona cuando les entregamos literatura de ventas. Sin embargo, los prospectos aprecian si les damos una herramienta educativa genérica que puede mejorar sus vidas.

Usemos algunos ejemplos con libros.

Keith escribió un libro llamado *Por Qué Necesitas Comenzar A Hacer Redes De Mercadeo: Cómo Eliminar El Riesgo Y Tener Una Vida Mejor*. Esto hace un trabajo más directo ayudando a los prospectos a analizar una red de mercadeo.

¿Quieres algo menos directo? *Padre Rico Padre Pobre*, de Robert Kiyosaki.

¿Qué tal algo aún más genérico, tanto así como para que nadie pueda salir ofendido?

*El Hombre Más Rico De Babilonia*, por George Clason, le enseña administración financiera a los principiantes con una relajada historia. Usemos este libro para nuestro ejemplo. Es barato y rápido de leer para nuestros prospectos.

Comenzamos comprando cinco copias del libro. Las prestaremos, una a la vez, pasaremos por ellas, y continuaremos rotando estos cinco libros con nuevos lectores. ¿Qué podríamos esperar?

Algunos prospectos potenciales leerán el libro. Muchos no lo leerán. Otros lo regresarán sin comentarios. Pero de algunos, recibiremos un mensaje de voz que sonará como esto:

"Gracias por prestarme este libro. Acabo de terminar de leerlo. Ahora veo por qué te gustó tanto. ¿Podemos vernos de nuevo en la semana para un café o comer? Me gustaría saber más sobre a qué te dedicas."

¿Los prospectos nos atropellarán con estas llamadas? No. Pero entre más libros prestemos con prospectos, más llamadas podemos esperar.

Si somos tímidos, podríamos pensar, "¿Cómo voy a prestarles un libro de papel? ¿No podría ahorrar algo de dinero y mandar una versión electrónica del libro, un video de YouTube, etc?" Sí, pero eso los deja con una impresión de poco valor con tus prospectos. Si no hay esfuerzo de nuestra parte, nuestro obsequio pierde toda apariencia de valor.

Pero continuemos con el ejemplo del libro. Podemos aplicar los mismos principios a lo que sea que decidamos usar como herramienta.

Prestarle este libro a nuestros prospectos nos permite poner primero sus intereses. Nos sentimos mejor, y por supuesto, nuestros prospectos se sienten mejor también. Ya sea que nuestros prospectos decidan unirse a nuestro negocio de mercadeo en red o no, al darles este libro, sabemos que les hemos dado una oportunidad de cambiar sus vidas. Es más fácil entregar un pequeño libro cuando nos enfocamos en las necesidades de nuestros prospectos.

¿Qué hay si nuestros prospectos no tienen interés en redes de mercadeo o en mejorar su administración financiera? ¿Quién sabe? Podrían encontrar algo más útil en el libro. El acto de prestarle a los prospectos un libro aumenta nuestro factor de "cercanía, agrado y confianza" con ellos. Puede convertir a un prospecto congelado en un prospecto tibio, más fácil de entablar una conversación.

Aquí hay algunas frases de inicio que podemos usar para que nuestros prospectos se interesen antes de que les ofrezcamos una copia de nuestro libro:

- "He estado leyendo sobre cómo tomar el control de nuestras finanzas…"
- "Acabo de leer este libro y aprendí…"
- "Tengo este libro que te puedo prestar. Desearía haberlo leído en secundaria."
- "Hay algo que tal vez te interese en este libro…"
- "Este libro hizo una enorme diferencia en mi vida…"

Para disipar cualquier tensión podríamos decir:

- "Este libro puede o no ser de ayuda para ti."
- "Esto tal vez sea lo que estás buscando, tal vez no. Pero seguro que a mí me ayudó bastante."

Leer un libro es un compromiso. No hay necesidad de presionar a las personas a llevarse el libro. Si los obligamos, no lo leerán. En lugar de eso, lo dejaremos como una opción para los prospectos que quieren cambiar sus vidas.

Evita decir, "Léelo y te buscaré." Esto implica que un vendedor "viene por ellos." Recuerda, ellos son prospectos fríos, ¡y somos tímidos! No queremos arriesgar nuestra buena suerte.

En lugar de eso, podríamos decir algo como esto, "Toma, déjame **prestarte** este libro. Es fácil de leer. Puedo recogerlo la próxima semana ya que lo termines."

¿Pero qué obligará a que nuestro prospecto lea el libro?

No existe ninguna restricción legal que nos impida colocar nuestra publicidad personal o mensaje a espaldas de la portada trasera del libro. Nuestro mensaje podría ser tan fácil como, "Estoy usando los principios en este libro como el paso #1 de mi plan de 2 pasos para jubilarme en 5 años."

Podemos experimentar con nuestros mensajes. Si queremos motivar a las personas para que nos llamen, la curiosidad es una buena táctica. No es la única manera, pero es una buena manera.

Si tenemos buena afinidad cuando prestamos el libro, podemos mencionar nuestro mensaje promocional también. No tenemos que hacerles preguntas. Nosotros simplemente necesitamos plantar la semilla para cuando lean el libro.

Este es un ejemplo usando un libro de papel. Ahora, usa tu imaginación. En una era digital, virtual, existen tantas posibilidades.

Sin embargo, recuerda esta regla. Un objeto físico porta más valor como obsequio que un enlace de internet. Les da a los prospectos la impresión de que nos estamos sacrificando duramente o haciendo un gran esfuerzo para ayudarlos.

# PREGUNTAS Y OBJECIONES.

Sí, son lo mismo.

Sólo los prospectos interesados tienen preguntas y objeciones. Los prospectos que no tienen interés no nos pedirán más información de tortura.

Así que, si alguien hace una pregunta o levanta una objeción, ¡buenas noticias! Pueden tener un problema con el que los podemos ayudar. Si vemos esta situación con empatía, las preguntas y objeciones son fáciles de responder. Vamos a hacer algunas ahora.

P. "¿Cuánto me va a costar esto?"

R. "Suena como que estás cansado de pagar de más por tu electricidad. La mejor manera de resolver esto es vernos para responder todas tus preguntas, y ver realmente cuánto estás pagando de más. Hay que vernos la próxima semana."

◇◇◇

P. "¿No me puedes nada más mandar un enlace de internet o un video?"

R. "Si te mando una página con 100 opciones de información sería perder el punto. No quiero que pierdas tu tiempo. Primero deberíamos de ver si tú y yo seríamos buen equipo trabajando juntos. Eso es lo que va a marcar la diferencia."

◇◇◇

P. "¿Por qué no me puedes explicar todo por mensaje?"

R. "Bueno, mis pulgares se cansarían. Pero lo primero que debemos de saber es si tú y yo podemos trabajar juntos profesionalmente. Vamos a hacer una videollamada rápida."

◇◇◇

P. "Déjame regresarte la llamada, ¿ok?"

R. "Genial idea. Mejor aún. Yo te regreso la llamada. No quiero dejarte con esa responsabilidad extra. Estoy seguro de que tienes demasiadas cosas que hacer durante la semana. Déjame llamarte el miércoles siguiente cuando sea un mejor momento para los dos."

◇◇◇

P. "¿Me lo puedes explicar por teléfono ahora?"

R. "Seguro. Aquí está la historia corta. Antes de que tú y yo platiquemos de negocios y detalles, deberíamos de sentarnos cara a cara y ver si disfrutaríamos trabajando juntos. ¿Tiene sentido? Las buenas amistades son las mejores sociedades."

◇◇◇

P. "¿Tratarás de venderme algo?"

R. "Te puedo enseñar lo que hago, pero depende de ti decidir si quieres hacerlo."

◇◇◇

P. "¿Esto es algo que tengo que decidir ya?"

R. "Quiero dejarte con algunas opciones para el futuro."

◇◇◇

P. "No tengo tiempo para un negocio de medio tiempo."

R. "Si eres como yo, eventualmente te vas a hartar de los traslados al trabajo. Quiero darte una opción en qué pensar para cuando eso ocurra."

◇◇◇

P. "No estoy seguro de si me interesa."

R. "Tienes algunas opciones ahora. Déjame darte una o dos más."

◇◇◇

P. "Estoy contento con mi proveedor de electricidad actual."

R. "Cuando llegue tu próximo recibo, si te gustaría pagar menos, yo te puedo mostrar qué hacer."

◇◇◇

P. "¿No podríamos reunirnos simplemente tú y yo, sin mi esposa?"

R. "Podemos, pero no quiero ser maleducado. Los matrimonios son equipos y tienen muchas preguntas como, '¿Cuánto tiempo nos tomará de la familia? ¿Es la dirección que deseamos tomar?' Vamos a vernos un día en que todos podamos."

◇◇◇

P. "¿Quién eres?"

R. "Nos conocimos en la exhibición de materiales el viernes, pero no tuvimos mucha oportunidad de hablar ahí. Estabas ocupado con todos los puestos que tenías que ver. Pero me entregaste tu tarjeta y me pediste que te contactara. Querías que te contara cómo ahorrar dinero en tus próximas vacaciones en lugar de pagar el dinero que te están cobrando por toda tu familia."

◇◇◇

P. "¿Quién habla?"

R. "Nos conocimos en el evento de redes en la Cámara de Comercio. Queríamos platicar más, pero había muchas personas por conocer. Me diste tu tarjeta y me pediste que te llamara después. Querías saber cómo librarte del citatorio por la multa de exceso de velocidad."

◇◇◇

P. "Quiero comenzar un negocio gratis. ¿Cuánto cuesta esto?"

R. "Las buenas noticias son que no tendrás que gastar dinero en empleados, una línea de teléfono, renta, y espacio de oficina, ni comprar un seguro. Un negocio tradicional te puede costar unos \$500,000 para empezar. Eso es demasiado riesgo. Sin embargo, debes hacer una inversión de tiempo, aprendiendo, y algunos suministros para poder comenzar. No queremos soñadores, sino gente que tome acción."

◇◇◇

P. "¡No estoy interesado en nada de lo que ofreces!"

R. "Respeto totalmente eso. Tiene sentido. Pero podrías hacerme un favor? Estoy buscando personas que no estén satisfechas con sus carreras, o quieran un gran cambio. Yo sé que no es para ti pero, ¿conoces a alguien así?"

◇◇◇

P. "¿Cuánto me va a costar cambiar mis servicios básicos?"

R. "Tranquilízate. No cuesta nada cambiar quién te manda el recibo. Por supuesto que todavía tienes que pagar las facturas, pero la buena noticia es que ahora serán mucho más bajas."

◇◇◇

P. "¿Qué estás vendiendo?"

R. "Nuestra compañía fabrica y vende todo tipo de productos saludables. Pero eso no es lo que te quiero platicar. Quiero platicar de la posibilidad de que nos asociemos como negocio. ¿Quieres platicar en la comida? Lo peor que puede pasar es que comamos una rica comida italiana."

◇◇◇

P. "¿Cuánto durará esta presentación?"

R. "Cuando nos reunamos, podrías darle un vistazo a mi cara y decidir que no quieres hacer negocios conmigo. Estoy bien con eso. Pero tal vez me des 10 minutos para que veas todo el panorama de lo que hago y terminamos. Si te gustaría platicar sobre las posibilidades a futuro, podemos seguir platicando. Pero depende de ti."

◇◇◇

P. "Estoy demasiado ocupado para verte. ¿Por qué no me envías un correo?"

R. "Estás ocupado, pero los dos tenemos que comer. Vamos a vernos en la comida."

◇◇◇

P. "Las cosas están muy locas por aquí, no tengo tiempo."

R. "Te entiendo totalmente. ¿Cuándo es el momento menos loco para ti? Vamos a vernos entonces."

◇◇◇

P. "No creo que esté interesado ahora."

R. "Tiene sentido. Quiero dejarte con algunas opciones para el futuro."

Nuestros prospectos tendrán peguntas. No tenemos todas las respuestas, pero deberíamos por los menos responder sus preguntas básicas.

# EN RESUMEN.

La parte más difícil de conseguir citas es nuestra propia mentalidad. Nos contamos cuentos de perdición. Si somos capaces de cambiar nuestra historia interna, somos capaces de ganar. ¿Por qué?

Nuestra historia interna crea nuestras intenciones y difunde nuestra creencia sobre los prospectos. Cuando realmente queremos ayudar a los prospectos, ellos lo notan. Los prospectos reaccionan de manera diferente con las personas que realmente queremos ayudarlos.

Este es el gran reto que cada emprendedor enfrenta. Nos emocionamos tanto sobre nuestros beneficios, que terminamos pensando tanto en nosotros que no nos enfocamos en nuestros prospectos.

¿Qué hay de todas las habilidades que aprendimos en la última mitad de este libro? Sí, nos harán sonar muchísimo más profesionales. Pero este reto es pequeño en comparación.

¿Qué es lo que podemos hacer inmediatamente para mejorar nuestra capacidad de conseguir citas?

Visitar clientes satisfechos. Escuchar sus historias acerca de lo mucho que aprecian la oportunidad de sacar ventaja de nuestros productos, servicios u oportunidad. Esto no requiere de mucho esfuerzo.

¿Y si no tenemos clientes satisfechos con quién hablar? No te preocupes. Hay muchas personas en la organización que sí los tienen. Los clientes felices siempre están contentos de contarnos sus experiencias.

Llama a alguien ahora mismo. Vamos a construir ahora esa nueva creencia de que lo que tenemos ayudará a las personas.

# AGRADECIMIENTO.

Gracias por adquirir y leer este libro. Esperamos que hayas encontrado algunas ideas que te servirán.

Antes de que te vayas, ¿estaría bien si te pedimos un pequeño favor? ¿Tomarías sólo un minuto para dejar una frase o dos como comentario en línea de este libro? Tu opinión puede ayudar a otros a elegir qué leer a continuación. Sería de gran ayuda para muchos otros lectores.

Viajo por el mundo más de 240 días al año.
Envíame un correo si quisieras que hiciera
un taller "en vivo" en tu área.

→ BigAISeminars.com ←

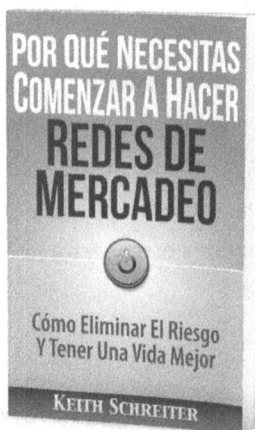

# ¡OBSEQUIO GRATIS!

## *¡Descarga ya tu libro gratuito!*

Perfecto para nuevos distribuidores. Perfecto para
distribuidores actuales que quieren aprender más.

→ BigAIBooks.com/freespanish ←

Otros geniales libros de Big Al están disponibles en:

→ BigAILibrosEnEspanol.com ←

# MÁS LIBROS EN ESPAÑOL
## BigAlLibrosEnEspanol.com

**10 Atajos Cerebrales para Redes de Mercadeo**
Ayuda a los Prospectos a Tomar Grandiosas Decisiones

**¡Cómo Obtener y Conservar la Atención de Tu Prospecto!**
Frases Mágicas para Redes de Mercadeo

**Mini-Guiones para los Cuatro Colores de las Personalidades**
Cómo Hablar con Nuestros Prospectos de Redes de Mercadeo

**3 Hábitos Fáciles para Redes de Mercadeo**
Automatiza Tu Éxito en MLM

**Crea Influencia**
10 Maneras de Impactar y Guiar a Otros

**¿Por Qué Mis Metas No Funcionan?**
Los Colores de las Personalidades para Redes de Mercadeo

**¡Cómo Hacer que los Niños Digan Sí!**
Usando los Cuatro Colores de Lenguajes Secretos para Hacer que los Niños Escuchen

**La Historia de Dos Minutos para Redes de Mercadeo**
¡Crea una Grandiosa Historia Memorable!

**Guía de Inicio Rápido para Redes de Mercadeo**
Comienza RÁPIDO, ¡Sin Rechazos!

**Pre-Cierres para Redes de Mercadeo**
Decisiones de "Sí" Antes de la Presentación

**Cierres para Redes de Mercadeo**
Cómo Hacer que los Prospectos Crucen la Línea Final

**Los Cuatro Colores de Las Personalidades para MLM**
El Lenguaje Secreto para Redes de Mercadeo

**Cómo Construir Tu Negocio de Redes de Mercadeo en 15 Minutos al Día**

**La Presentación de Un Minuto**
Explica Tu Negocio de Redes de Mercadeo Como un Profesional

**Ventas al por Menor para Redes de Mercadeo**
Cómo Conseguir Nuevos Clientes para Tu Negocio en MLM

**Motivación. Acción. Resultados.**
Cómo Los Líderes En Redes De Mercadeo Mueven A Sus Equipos

**51 Maneras Y Lugares Para Patrocinar Nuevos Distribuidores**
Descubre Prospectos Calificados Para Tu Negocio De Redes De Mercadeo

**Rompe El Hielo**
*Cómo Hacer Que Tus Prospectos Rueguen Por una Presentación*

**¡Cómo Obtener Seguridad, Confianza, Influencia Y Afinidad Al Instante!**
*13 Maneras De Crear Mentes Abiertas Hablándole A La Mente Subconsciente*

**Primeras Frases Para Redes De Mercadeo**
*Cómo Rápidamente Poner A Los Prospectos De Tu Lado*

**La Magia De Hablar En Público**
*Éxito Y Confianza En Los Primeros 20 Segundos*

**MLM de Big Al la Magia de Patrocinar**
*Cómo Construir un Equipo de Redes de Mercadeo Rápidamente*

**Cómo Prospectar, Vender Y Construir Tu Negocio De Redes De Mercadeo Con Historias**

**Cómo Construir LÍDERES En Redes De Mercadeo Volumen Uno**
*Creación Paso A Paso De Profesionales En MLM*

**Cómo Construir Líderes En Redes De Mercadeo Volumen Dos**
*Actividades Y Lecciones Para Líderes de MLM*

**Cómo Hacer Seguimiento Con Tus Prospectos Para Redes De Mercadeo**
*Convierte un "Ahora no" En un "¡Ahora mismo!"*

**Por Qué Necesitas Comenzar A Hacer Redes De Mercadeo**
*Cómo Eliminar El Riesgo Y Tener Una Vida Mejor*

**Cómo Construir Rápidamente tu Negocio de Nutrición en Redes de Mercadeo**

**Motivación. Acción. Resultados.**
*Cómo Los Líderes En Redes De Mercadeo Mueven A Sus Equipos*

**51 Maneras Y Lugares Para Patrocinar Nuevos Distribuidores**
*Descubre Prospectos Calificados Para Tu Negocio De Redes De Mercadeo*

**Rompe El Hielo**
*Cómo Hacer Que Tus Prospectos Rueguen Por una Presentación*

**¡Cómo Obtener Seguridad, Confianza, Influencia Y Afinidad Al Instante!**
*13 Maneras De Crear Mentes Abiertas Hablándole A La Mente Subconsciente*

**Primeras Frases Para Redes De Mercadeo**
*Cómo Rápidamente Poner A Los Prospectos De Tu Lado*

**La Magia De Hablar En Público**
*Éxito Y Confianza En Los Primeros 20 Segundos*

**MLM de Big Al la Magia de Patrocinar**
*Cómo Construir un Equipo de Redes de Mercadeo Rápidamente*

**Cómo Prospectar, Vender Y Construir Tu Negocio De Redes De Mercadeo Con Historias**

**Cómo Construir LÍDERES En Redes De Mercadeo Volumen Uno**
Creación Paso A Paso De Profesionales En MLM

**Cómo Construir Líderes En Redes De Mercadeo Volumen Dos**
Actividades Y Lecciones Para Líderes de MLM

**Cómo Hacer Seguimiento Con Tus Prospectos Para Redes De Mercadeo**
Convierte un "Ahora no" En un "¡Ahora mismo!"

# SOBRE LOS AUTORES

**Keith Schreiter** tiene más de 20 años de experiencia en redes de mercadeo y multinivel. Keith le muestra a los empresarios de redes de mercadeo cómo usar sistemas simples para construir un negocio estable y en expansión.

¿Necesitas más prospectos? ¿Necesitas que tus prospectos se comprometan en lugar de estancarse? ¿Quieres saber cómo enganchar y mantener activo a tu grupo? Si éste es el tipo de habilidades que te gustaría dominar, te encantará su estilo de cómo hacerlo.

Keith imparte conferencias y entrenamientos en Estados Unidos, Canadá y Europa.

**Tom "Big Al" Schreiter** tiene más de 40 años de experiencia en redes de mercadeo y multinivel. Es el autor de la serie original de libros de entrenamiento "Big Al" a finales de la década de los 70s, continúa dando conferencias en más de 80 países sobre cómo usar las palabras exactas y frases para lograr que los prospectos abran su mente y digan "Sí."

Su pasión es la comercialización de ideas, campañas de comercialización y cómo hablar a la mente subconsciente con métodos prácticos y simplificados. Siempre está en busca de casos de estudio de campañas de comercialización exitosas para sacar valiosas y útiles lecciones.

Como autor de numerosos audios de entrenamiento, Tom es un orador favorito en convenciones de varias compañías y eventos regionales.

# COMENTARIO DEL TRADUCTOR

Ha sido un placer para mí traducir este libro para los lectores en español. *Cómo Conseguir Citas* te da la mentalidad y herramientas para detonar tu producción. Me ofrecí para traducir este libro ya que las ideas aquí mostradas han funcionado tan bien para mí, que deseaba compartirlas con otros.

Todas las ideas y frases de este libro han sido probadas por miles de empresarios de redes de mercadeo alrededor del mundo. Conoce y aplica los mejores métodos para realmente lograr efectividad cada vez que levantes el teléfono.

Así que deja atrás la frustración, el rechazo, el miedo, las dudas y la desesperación. Simplemente usa estos conceptos para que tu negocio y el de tu organización despegue con muy poco esfuerzo y mínimo tiempo.

Gracias por soltar viejos patrones de pensamiento y creer que hay una nueva manera de construir tu negocio de redes de mercadeo rápidamente, sólo aprende nuevas habilidades para construir un negocio estable, divertido y redituable de la manera correcta.

Deseo grandes cheques para ti y tus socios.

–Alejandro G.